Blühende und duftende Kräutergärten sind Gärten, die über alle Sinne in unsere Seele dringen.

(Englisches Zitat)

Paul Seitz

Dr. Seitzens Kräutergärten

Anbau und Verwendung von Arznei-, Duft- und Würzpflanzen

Kosmos
Gesellschaft der Naturfreunde
Franckh'sche Verlagshandlung
Stuttgart

44 Farbfotos von Burda (3), Dr. Jesse (5), H. E. Laux (2), H. Reinhard (1), Dr. Seitz (24), J. Streicher (1) und M. F. Wetterwald (8)
und 10 Zeichnungen von I. Bott (2), Dr. J. Dittmar (6, nach Vorlagen von Dr. P. Seitz) und Dr. P. Seitz (2)

Umschlaggestaltung von Edgar Dambacher
unter Verwendung eines Dias von Annerose Schatter

CIP-Kurztitelaufnahme der Deutschen Bibliothek

Seitz, Paul:
[Kräutergärten]
Dr. Seitzens Kräutergärten : Anbau u. Verwendung von Arznei-, Duft- u. Würzpflanzen. – Stuttgart : Franckh, 1985.
(Kosmos-Florarium in Farbe)
ISBN 3-440-05511-6

Bild 1. Kräutergarten im Kloster Fahr. Foto M. F. Wetterwald

Franckh'sche Verlagshandlung, W. Keller & Co., Stuttgart / 1985

Printed in Italy / Imprimé en Italie / LH 14 Ste
ISBN 3-440-05511-6
Satz: G. Müller, Heilbronn
Herstellung: Grafiche Muzzio, Padua/Italien

Dr. Seitzens Kräutergarten

Warum dies Buch geschrieben wurde ... 7

Einführung in die Kräuterkunde 8
Grundbegriffe der „Kräuterbotanik" ... 8
Kräuternamen und Pflanzensystematik .. 9
Die wichtigsten Pflanzenfamilien unserer Arznei- und Würzpflanzen 10
Geschützte Pflanzen – schützenswerte Pflanzen 10
Die heilkräftigen Pflanzenteile 11
Die Wirkstoffe der Heil- und Würzpflanzen 12
Geheimnisvoller Duft aromatischer Kräuter 13

Volksheilkunde im Wandel der Zeiten .. 14
Wechselvolle Geschichte der Kräuterkultur 14
Grundsätze moderner Kräuterheilkunde 15

Kräutergärten für alle 15
Den Kräutergarten mit Freude gestalten . 16
Regeln zum Anlegen von Kräutergärten . 17
Gestaltungsvorschläge für Kräutergärten 17

Kräuter als Gestaltungselemente 46
Kräuter im Ziergarten 46
Duftende Bodendecker und Kräuterrasen 47
Kräuter für Hecken und Wegränder 48
„Kräuterarten" für Bonsai-Kulturen 48

Kulturarbeiten im Kräutergarten 49
Bodenvorbereitung 50
Pflanzenbeschaffung und Selbstanzucht . 50
Düngung, Pflanzenernährung, Pflanzenschutz 51
Kräuter für die Pflanzengesundheit 52
Umpflanzen, Schnitt, Winterschutz 53

Die wichtigsten Arznei-, Aroma- und Würzpflanzen 54
Einjährige Arten 54
Zweijährige Arten 60
Zwiebel- und lauchartige Pflanzen 63
Mehrjährige Stauden und strauchartige Pflanzen 65
Unkräuter als Heilpflanzen 78

Kräutersegen, Kräuterernte, Kräuternutzen 79
Sorgfältiges Ernten bestimmt die Kräuterqualität 80
Kochkunst ist Würzkunst 80
Frische Kräuter zu Frühstück und Brotzeit 81
Haltbarmachen durch Trocknen 82
Drogen zum Aufbewahren 84
Fines Herbes und Bouquets garnis 85
Würzkräuter tiefgefroren 86
Kräuterauszüge aromatisch und dekorativ 86
Kennen Sie Kräutergelee? 86
Kräuteressenzen für Hausapotheke und Körperpflege 87
Kräuterpotpourri und Kräuterkissen 88
Duftende Kräutersträuße – frisch und getrocknet 89

Kräuter bitten zum Tee 90
Arzneitee – Haustee – Teegetränke 90
Warum wir Tee trinken 92
Wichtig: Die richtige Teebereitung 93
Kräutertee und Tee-Atmosphäre 93

Das Kräuterpraktikum 94
Das Kräuterkabinett 98
Bezugsquellen 107
Weiterführende Literatur 108
Sachregister 109

Warum dies Buch geschrieben wurde

Immer mehr Menschen suchen den Dialog mit der Natur und zeigen sich aufgeschlossen für ökologische Zusammenhänge. Beachtlich ist auch das wachsende Interesse für Kräuter in der Volksheilkunde, zur richtigen Ernährung und natürlichen Schönheitspflege. Wollen aber alle Natur- und Pflanzenfreunde ihre Kräuter künftig auf den wenigen, noch unbedenklichen Feld-, Wiesen- und Waldstandorten sammeln, dann werden immer mehr Arten und Lebensgemeinschaften in ihrer Existenz ernsthaft bedroht. Nach der Berner Konvention zur Erhaltung wildlebender Pflanzen und Tiere sind jedoch nicht allein die Arten, sondern auch ihre Lebensräume und Standorte zu schützen. Deshalb muß man der landesweiten Initiative „Kräuter für alle" zustimmen, weil sie den Anbau von Kräutern im Garten als Alternative anbietet.

Kräutergärten sind nicht nur ländliche Gärten. Auch in Städten, wo die Natur notgedrungen nur in reduzierter Form geduldet wird, bieten sich viele Möglichkeiten für die Anlage von Kräutergärten. Ein nachahmenswertes Beispiel gibt es in München: Mitten in der Stadt wurde ein 40 × 60 m großer Innenhof begrünt. Nach seiner Umgestaltung konnten dort über 250 Schmetterlingsarten festgestellt werden!

Selbst wenn sich das erfreuliche Interesse für Heil-, Würz- und Duftkräuter fortsetzen oder gar verstärken sollte, so wird es nicht leicht sein, das allgemeine, oft fundierte Kräuterwissen vergangener Generationen zu erlangen. Die systematische Aneignung von Kenntnissen und die vermehrte Hinwendung zu pflanzlichen Heilmitteln reichen allein nicht aus, Arzt und Apotheke zu ersetzen. Selbstmedikation kann dann durchaus verhängnisvoll werden. Dagegen können Kenntnisse über Kräuter und ihre zusätzliche Anwendung im Krankheitsfall das Verhältnis zum Hausarzt oft wesentlich verbessern.

Möge es gelingen, mehr Nutz- und Naturkräutergärten entstehen zu lassen. Vielleicht wird auch Ihr privater Kräutergarten zur grünen Hausapotheke, zur Würzkräuter- oder Schönheitsfarm. Jedenfalls, wer Waldmeister, Herzgespann, Arnika und viele andere Arznei-, Duft- und Würzpflanzen im eigenen Kräutergarten selbst heranzieht, schont wertvolle Arten und Lebensgemeinschaften der freien Natur und hilft aktiv mit, die Vielfalt und Schönheit unserer heimischen Landschaft zu erhalten.

Bild 2. Kräutergarten auf kleinstem Raum. Hier eine gut eingewachsene Kräuterwand. Foto Dr. Jesse

Einführung in die Kräuterkunde

Unter Kräutern versteht man im botanischen Sinne kurzlebige, nicht verholzende Gewächse. In der Phytotherapie und Würzkunst dagegen hat sich der Begriff „Kräuter“ für alle heilkräftigen und würzenden Pflanzenarten eingebürgert.

Grundbegriffe der „Kräuterbotanik“

Je nach ihrer Lebensdauer unterteilen wir die Heil- und Würzpflanzen in ein-, zwei- und mehrjährige Gewächse.
Einjährige. Bei den einjährigen Kräutern wie etwa Dill und Kerbel erleben wir Keimung, Blüte und Samenreife innerhalb einer Vegetationsperiode. Spätestens bei Frosteintritt stirbt die gesamte Pflanze ab. Ihr Fortbestand wird durch reichen Samenansatz gewährleistet.
Zweijährige. Die zweijährigen Arten bringen im ersten Entwicklungsjahr Blätter und Triebe, überwintern und bilden erst im Folgejahr Blüten und Samen aus. Besonders einprägsam ist dies bei Petersilie und Löffelkraut feststellbar.
Mehrjährige. Bei den mehrjährigen Pflanzenarten dagegen kann das Blühen und Fruchten noch später, oft erst nach einigen Jahren, einsetzen, wiederholt sich dann aber jedes Jahr aufs neue.
Zur Gruppe der Mehrjährigen zählen Stauden, Halbsträucher und verholzende Gewächse.
Stauden sind krautartige Pflanzen, deren oberirdische weiche Teile im Herbst verdorren und bis auf die ausdauernden Wurzeln, Rhizome, Knollen oder Zwiebeln absterben. Die Überwinterungsknospen der Stauden, die ein Überleben und das erneute Austreiben im Frühjahr ermöglichen, sitzen meistenteils an oder direkt über der Erdoberfläche, seltener tiefer im Boden. Besonders erwähnt werden solche Stauden, die ihre grünen Blattorgane auch im Winter nicht verlieren. Es handelt sich im allgemeinen um polster- oder horstbildende Arten z. B. Thymian.
Halbsträucher, z. B. Ysop, sterben im Winter bis zu den frostwiderstandsfähigen verholzten Teilen ab.
Die eigentlichen Gehölze, Sträucher und Bäume, verlieren zum Herbst meist ihre Blätter und überstehen die Kältezeit, da sie verholzt sind.
Die vielfältigen Kräuterarten haben sich innerhalb ihrer Lebensräume der Umwelt angepaßt, über Jahrmillionen behauptet und entwickelt.
Sicherlich kam es durch den Menschen, der die verschiedenen Arznei- und Würzpflanzen kultivierte, – bewußt oder unbewußt – zu verbesserten Formen. Gezielte Züchtungsmaßnahmen durch Auslese und Kreuzung sind aber erst aus den letzten beiden Jahrhunderten bekannt. Insgesamt gesehen blieben unsere Heil- und Würzpflanzen weitgehend in ihrer Ursprünglichkeit erhalten. Sie zeigen sich überwiegend heute noch in ihren Urformen, so wie wir sie auch in der freien Natur antreffen können. Als „Wilde und Halbwilde“ sind sie bescheiden in ihren Lebensansprüchen und natürlich widerstandsfähig gegen Umwelteinflüsse, Krankheiten und Schädlinge.
Weil Arznei-, Aroma- und Würzpflanzen sich eigentlich gleichsinnig verhalten, Kultur, Vermehrung, Ernte und Aufbereitung weitgehend übereinstimmen, sollen sie nachstehend auch gemeinsam behandelt werden.

Zum schnellen Erkennen, mit Hinweisen auf besondere Eigenarten und Bedürfnisse, wurden die Kräuter durch international einheitliche Symbole wie folgt gekennzeichnet.

⊙ einjährige oder annuelle Pflanzen,
⊙ zweijährige oder bienne Pflanzen,
♃ ausdauernde oder perenne Pflanzen,
ħ Halbsträucher
♄ Sträucher
♄ Bäume
♂ männlich
♀ weiblich
× Bastard, Hybride
○ Sonne
◐ Halbschatten
● Schatten
⌇ Hängepflanze
⌇ Kletterpflanze
⤳ Kriechpflanze
⌇ Einfassung
⌓ Polsterpflanze
Δ Steingarten
〰 Ufer- und Sumpfpflanze
≈ Wasserpflanze
⌒ Winterschutz
☠ Giftpflanze
Ⓓ Duftpflanze, Blüten- o. Blattdufter
⊛ Bienenweide u. Insektenfutterpflanze

Kräuternamen und Pflanzensystematik

Schätzungsweise 500–600 000 Pflanzenarten leben auf unserer Erde. Der Mensch war von Anbeginn der Entwicklung seiner Sprache, Religion und Kultur bestrebt, Pflanzen und Tiere seiner Umwelt zu benennen, um sie auf diese Weise erfassen und geistig in Besitz nehmen zu können. In der Folge versuchte er zudem, die Lebewesen in Gruppen zu ordnen, damit überall in der Welt jedermann sie erkennen und vergleichen könne.

Schon im Mittelalter erhielten die Pflanzen wissenschaftliche Namen, häufig abgeleitet von Bezeichnungen, die bereits aus dem Altertum, von den Griechen und Römern stammten.

Erst vor etwas mehr als zweihundert Jahren schuf der schwedische Naturforscher KARL VON LINNÉ die binäre Nomenklatur, d.h. die doppelte Namengebung, nämlich die Bezeichnung der Pflanzen mit je einem Gattungs- und Artnamen, z.B. *Allium sativum* L. (= Knoblauch) – Gattungsname = *Allium,* Artname = *sativum.*

Während der Gattungsname häufig ohne Eigenbedeutung ist, weist der Artname im allgemeinen auf Besonderheiten, z.B. Farbe der Blüten, Wuchsformen etc. hin (sativum = angepflanzt).

Die wissenschaftlichen botanischen Namen sind der lateinischen oder griechischen Sprache entliehen bzw. latinisiert worden.

Großgeschriebene Einzelbuchstaben hinter dem Namen (s. *Allium sativum* L.) weisen auf den Namengeber, z.B. LINNÉ, hin.

In der Regel werden Gattungsnamen als Hauptwörter groß und Artnamen als Eigenschaftswörter klein geschrieben. Bei der Aussprache der botanischen Namen wird bei dreisilbigen Wörtern die vorletzte Silbe, z.B. *Állium satívum* betont, bei zweisilbigen Wörtern die erste Silbe, z.B. *Rúmex* (= Sauerampfer).

Die Pflanzengattung besteht also aus Arten mit gewissen verwandten gemeinsamen Merkmalen; benachbarte Gattungen bilden eine Familie, und diese Familien werden in Ordnungen zusammengefaßt; Ordnungen in Klassen, Klassen in Abteilungen, und diese bilden insgesamt das Pflanzenreich. Die vorgenannte Einteilung nach entwicklungsgeschichtlicher Verwandtschaft wird als natürliches Pflanzensystem bezeichnet.

Die überall in der Welt einheitliche, systematische Einteilung und die exakte Benennung der Pflanzen soll Verwechselungen verhindern, die internationale Verständigung fördern sowie gemeinsamen Forschungen und wirtschaftlichen Entwicklungen dienlich sein.

Die wichtigsten Pflanzenfamilien unserer Arznei- und Würzpflanzen

Fachleute schätzen, daß etwa 20 000 Pflanzenarten Heileigenschaften und Würzkräfte besitzen. Allerdings sind bisher davon nur etwa 500 Kräuterarten aus allen Erdteilen näher erforscht worden.
Die wichtigsten Arznei-, Aroma- und Würzpflanzen lassen sich vorwiegend den nachfolgend aufgezeigten zwanzig Pflanzenfamilien zuordnen.

Die wichtigsten Pflanzenfamilien und ihre bekanntesten Vertreter

Pflanzenfamilie	Bekannte Kräuterarten
Baldriangewächse (Valerianaceae)	Baldrian, Feldsalat
Borretschgewächse (Boraginaceae)	Borretsch, Beinwell, Lungenkraut
Doldenblütler (Umbelliferae)	Dill, Fenchel, Kerbel, Petersilie
Enziangewächse (Gentianaceae)	Enzian, Tausendgüldenkraut
Gänsefußgewächse (Chenopodiaceae)	Melde, Spinat, Mangold
Johanniskrautgewächse (Hypericaceae)	Johanniskraut
Kapuzinerkressegewächse (Tropaeolaceae)	Kapuzinerkresse
Knöterichgewächse (Polygonaceae)	Sauerampfer, Rhabarber, Buchweizen
Korbblütler (Compositae)	Beifuß, Eberraute, Estragon, Kamille
Kreuzblütler (Cruciferae)	Kresse, Kohl, Meerrettich, Senf
Liliengewächse (Liliaceae)	Knoblauch, Zwiebel, Spargel
Lippenblütler (Labiatae)	Minze, Dost, Thymian, Salbei
Malvengewächse (Malvaceae)	Eibisch, Malve
Nachtschattengewächse (Solanaceae)	Paprika, Tomate, Aubergine
Nesselgewächse (Urticaceae)	Brennessel, Glaskraut
Portulakgewächse (Portulacaceae)	Portulak
Rachenblütler (Scrophulariaceae)	Augentrost, Fingerhut, Königskerze
Rosengewächse (Rosaceae)	Rose, Brombeere, Himbeere, Erdbeere, Weißdorn
Storchschnabelgewächse (Geraniaceae)	Storchschnabel, Ruprechtskraut, Geranie
Veilchengewächse (Violaceae)	Ackerstiefmütterchen

Auffällige äußere Merkmale, Ähnlichkeiten im Wuchscharakter, in Blattform, Blütenbau und Fruchtausbildung sowie der Standort geben Hinweise für die Familienzugehörigkeit und erleichtern damit ein schnelles Bestimmen unbekannter Pflanzenarten. Fortgesetzte intensive Beschäftigung mit der heimischen Flora, auch die zusätzliche Anlage eines Herbariums, einer Pflanzensammlung, erweitern und vertiefen die Pflanzenkenntnisse. Zur exakten Identifizierung der Kräuter wird auf spezielle Pflanzenbestimmungsbücher hingewiesen (s. Literaturhinweise).

Geschützte Pflanzen – schützenswerte Pflanzen

Zum Schutze der Vielfalt, Schönheit und Eigenart von Natur und Landschaft haben die Länder Naturschutzgesetze und Verordnungen erlassen, die das Sammeln bestimmter Pflanzen untersagen. Wer also zur Ergänzung seiner Heil- und Würzkräuter des Gartens Pflanzen der freien Natur sammeln will, muß sich vorher vergewissern, ob diese nicht unter Naturschutz stehen. In ausgewiesenen Naturschutzgebieten ist das Sammeln von nicht geschützten Pflanzen nur dann erlaubt, wenn Pflanzenbestände und Naturhaushalt nicht beeinträchtigt werden. Zudem werden von den deutschen Naturschutzorganisationen sogenannte Rote Listen für bestandsgefährdete Pflanzenarten, nach mehreren Gefährdungsstufen, nämlich ausgerottet – stark gefährdet – gefährdet, zusammengestellt und veröffentlicht. Der Natur- und Pflanzenfreund wird sicherlich auch diese Schutzbemühungen berücksichtigen. Dabei hat er die Möglichkeit, ersatzweise andere ähnlich wirksame nicht geschützte Kräuter zu sammeln oder auch geschützte seltene Arten im eigenen Garten anzusiedeln. Kräutergärten, Kräuterwiesen und Kräuterbiotope können auf solche Weise zu bemerkenswerten Rückzugsgebieten und Enklaven existenzgefährdeter Pflanzenarten werden.

Die heilkräftigen Pflanzenteile

Die Wirkstoffe der Pflanzen sind ungleich auf ihre verschiedenen Organe verteilt. Am meisten werden die chlorophyllhaltigen Blätter zu Heil- und Würzmitteln verwertet. Im gesunden Blatt finden wir die aktivsten Stoffwechselprozesse. Mit Hilfe des Chlorophylls produziert die Pflanze aus dem Kohlendioxid der Luft und Wasser unter Einfluß des Sonnenlichts Kohlenstoffverbindungen wie Zucker, Stärke, Fett, Eiweiß, auch wichtige Wirkstoffe. Eingestrahltes Licht wird in chemische Energie umgewandelt. Die Blätter sind in der Regel also besonders reich an Inhaltsstoffen.
Die Stengel dienen dem Wasser- und Stofftransport zwischen Wurzeln und Blättern. Hier lassen sich, abgesehen von Nitraten, im allgemeinen nur geringe Konzentrationen von Inhaltsstoffen nachweisen.
In Holz und Rinde werden ebenfalls bestimmte Produkte des pflanzlichen Stoffwechsels abgelagert. Deshalb finden auch sie in der Pflanzenheilkunde, wie am Beispiel der Faulbaumrinde oder Ulmenrinde gezeigt werden kann, Verwendung.
Die Wurzeln, Aufnahmeorgane der Pflanzen, ebenso Rhizome und Wurzelknollen, speichern vielfach Inhaltsstoffe, die heilkräftige bzw. würzende Eigenschaften erwarten lassen, zum Beispiel Wurzelpetersilie, Rhabarber.
Die pigmentreichen bunten Blüten enthalten zudem noch heilaktive Substanzen. Besonders reich an ätherischen Ölen sind duftende Blüten, beispielsweise Lavendel.
Die fleischigen Früchte zeichnen sich durch einen hohen Gehalt an Mineralstoffen und Vitaminen aus. Wild- und Kulturfrüchte werden bevorzugt als ergänzende Beigaben für viele Heilmittel verwendet.
In den Samen sind alle lebensnotwendigen Nähr- und Wirkstoffe der künftigen Pflanze in ausgewogener Zusammensetzung vorhanden. Samen sind deshalb vielfach hochwertige Nahrungs- und Heilmittel.
Durch Trocknen und Weiterverarbeiten werden die Heilpflanzen zu Drogen, wir sprechen von Pflanzendrogen oder vegetabilen Drogen. In Rezepten und Inhaltsangaben für pflanzliche Drogen sind die Pflanzenteile zusammen mit den Pflanzennamen (Apothekernamen) lateinisch bezeichnet:

Pflanzenteil	Lateinische Bezeichnung	Abkürzung
Ganzes Kraut	Herba	Herb.
Blatt	Folia	Fol.
Blüten	Flores	Flos. (Flor)
Samen	Semen	Sem.
Früchte	Fructus	Fruct.
Fleischige Wurzeln	Radix	Rad.
Wurzelstock	Rhizoma	Rhiz.
Zwiebel	Bulbus	Bulb.
Rinde	Cortex	Cort.

Beispiele: Herb. Basilici = Kraut des Basilikums
Fol. Fragariae = Blätter der Erdbeere
Flos. Sambuci = Blüten des Holunders
Rad. Valerianae = Wurzeln des Baldrians
Cort. Quercus = Rinde der Eiche

Die Wirkstoffe der Heil- und Würzpflanzen

Arznei-, Duft- und Würzpflanzen werden durch ihre Wirkstoffe charakterisiert, die ihnen heilende, aromatische oder würzende Eigenschaften verleihen.
Wir unterscheiden zwei Gruppen von Wirkstoffen in den Pflanzen: solche, die für die Pflanzenentwicklung selbst unentbehrlich sind und solche, die als Stoffwechselprodukte (Neben- bzw. Abfallprodukte oder Ballaststoffe) scheinbar unbrauchbar sind. Für Heil-, Würz- und Aromazwecke sind die Wirkstoffe aus beiden Bereichen bedeutsam.
In der Pflanzenheilkunde weiß man, daß die Wirksamkeit einer Heilpflanze meist auf dem Zusammenspiel mehrerer Wirkstoffe beruht und nur selten von einem einzelnen Stoff ausgeht. Die verschiedenen Stoffkomponenten können sich ergänzen, ihre Wirkung verstärken oder allein durch ihr Vorhandensein organismusschonend sein. In ihrer Gesamtheit also ergeben sich die angestrebten positiven Effekte.
Im Grunde genommen ist es nicht anders bei den Würzpflanzen. Geschmacks- und geruchsbildende Stoffe im jeweiligen Verhältnis entscheiden über scharfen, angenehmen oder faden Geschmack.
Nachfolgend werden die wichtigsten Wirkstoffe der Kräuter erwähnt und auf ihre Besonderheiten hingewiesen.
Ätherische Öle sind leicht flüchtige, starkriechende, ölartige Substanzen, die sich in Öldrüsen, Ölschuppen oder Drüsenhaaren der Pflanzen bilden. Verflüchtigt durchdringen sie die Oberhaut von Blättern und Blüten und verbreiten den arttypischen Duft.
Bei den Würzkräutern unterscheiden wir schwefelhaltige, ätherische Öle, die den scharfen Geschmack von Rettichen, Meerrettich, Rüben und Kohlarten bewirken, und schwefelfreie z. B. in Petersilie, Sellerie und Möhren. Die Wirkungen der ätherischen Öle sind vielfältig je nach chemischer Zusammensetzung, z. B. anregend (Pfefferminze), beruhigend (Melisse, Baldrian), antibakteriell (Thymian), heilungsunterstützend bei Entzündungen (Kamille) und appetit- sowie verdauungsfördernd (Würzkräuter).
Harze, ebenfalls Ausscheidungsprodukte, sind im allgemeinen in ätherischen Ölen gelöst und verbleiben nach deren Verflüchtigung als zäher oder fester Rückstand.
Alkaloide, häufig starke Pflanzengifte (Tollkirsche, Herbstzeitlose) werden als stickstoffhaltige, alkalische Stoffwechselprodukte in Zellhöhlen und bevorzugt in der Rinde sowie Blüten und Früchten abgelagert. Alle Alkaloide, auch die weniger bedenklichen Formen, z. B. in Schwarzem Tee, Kaffee, Kakao, Mohn und Tabak, wirken über das zentrale Nervensystem. Die Alkaloide sind die bedeutendsten Ausgangsstoffe für Medikamente.
Bitterstoffe, keine einheitliche Wirkstoffgruppe, häufig bei den Korbblütlern (Löwenzahn, Zichorien, Mariendistel, Wermut) und Enziangewächsen (Tausendgüldenkraut, Enzian) zu finden. Die Bitterstoffe wirken appetitanregend und verdauungsfördernd.
Gerbstoffe sind wasserlösliche, stickstofffreie Abfallprodukte des Stoffwechsels, oft angereichert im Holz (Eiche) oder in Blättern (Brombeere, Minzen) enthalten. Gerbstoffe fällen nicht nur Eiweiß, sondern auch Alkaloide und wirken deshalb auch entgiftend z. B. bei richtiger Teebereitung. An der Luft zersetzen sich Gerbstoffe unter Einwirkung von Sauerstoff, deshalb sollen wir gerbstoffhaltige Teearten in dichtschließenden Gefäßen aufbewahren.
Als Heilmittel werden gerbstoffhaltige Pflanzendrogen z. B. zur Stärkung des Kreislaufes, gegen Zahnfleischbluten sowie bei starker Schweißabsonderung empfohlen.
Glykoside, als zusammengesetzte zuckerhaltige Substanzen, hochwirksam z. B. in Knoblauch, Senf, Weinraute oder Rhabarber vorkommend und starkgiftig in Maiglöckchen, Fingerhut, Bittermandel.
Glykoside sind Bestandteile z. B. von Herz-Heilmitteln bei klinischen Behandlungen.
Schleimstoffe, Pflanzenschleime in Wasser

aufquellend kommen bei vielen Pflanzenarten vor (Leinsamen, Borretsch). Sie wirken schützend auf unsere Schleimhäute, z.B. in Mund, Rachen, Magen und Darm.

Saponine (latein. Sapo = Seife) haben die Eigenschaft, wie Seifen in Wasser zu schäumen. Medizinal wirken sie schleimlösend und auswurffördernd, anregend für den Verdauungstrakt und leicht abführend. Saponine enthalten z.B. in Seifenkraut, Borretsch, Schwarzkümmel, Thymian und Süßholz.

Organische Säuren (Apfelsäure, Zitronensäure, Oxalsäure, Weinsäure, Milchsäure) zählen zu den wichtigsten Würzstoffen der Frischkräuter, Früchte und Gemüse. Sie wirken erfrischend, anregend, antibakteriell und leicht abführend.

Phytonzide sind eine uneinheitliche Gruppe noch wenig erforschter Inhaltsstoffe. Sie wirken schon in sehr kleinen Mengen hemmend auf Mikroorganismen. Beim Trocknungsvorgang zersetzen sich die Phytonzide. Bisher wurden sie z.B. in Knoblauch, Zwiebeln, Rosmarin, Eberraute, Thymian nachgewiesen. Ergänzend wird auf die beachtlichen **Mineralstoffgehalte** der Kräuter (Calcium, Kalium, Natrium, Phosphor, Jod u.a. Spurenelemente) hingewiesen, auf die Bedeutung der **Vitamine** besonders für den Frischverzehr. **Enzyme** und **Hormone** unterstützen im Zusammenspiel die vielfältigen Heilwirkungen.

Geheimnisvoller Duft aromatischer Kräuter

Unsere Kenntnisse über die Pflanzendüfte dürfen wir als recht bescheiden bezeichnen. Neben den kaum erforschten Harzen sind vor allem ätherische Öle in Zellen von Blütenteilen und Blättern Duftträger. Nach Art der Duftentfaltung unterscheiden wir Spontan- und Kontaktdufter. **Spontandufter** beginnen z.B. mit dem Aufbrechen der Knospen zu duften, also zeitlich begrenzt wie die Duftentfaltung von reifen Früchten. Der Duft dient bei den Blütenpflanzen als Reizmittel zum Anlokken der Bestäubungshelfer.

Kontaktdufter sind unsere blattduftenden aromatischen Kräuter, die erst bei Berührung Düfte verströmen. Das Duftangebot gilt hier für die ganze Lebensdauer dieser Pflanzen. Wenn die Blattduftstoffe nicht zur Anlockung von Blütenbestäubern gedeutet werden können, warum duften solche Kräuter? Sicherlich haben Blattdüfte Bedeutung für die Verständigung innerhalb von Lebensgemeinschaften. Vielleicht lassen sich Zusammenhänge günstiger Partnerschaften, z.B. bei Mischkulturen, zumindest damit teilweise erklären.

Die Anwendung von Duftstoffen zur Krankenbehandlung wird als **Dufttherapie** bezeichnet und besonders in Frankreich intensiv wissenschaftlich erforscht. Es ist beabsichtigt, mit Hilfe von Tierversuchen brauchbare Anwendungen für die Humanmedizin zu entwickeln. Die Pflanzendüfte sind so innig und harmonisch vermischt, daß allgemein ein einheitlicher Geruchseindruck entsteht.

F. Plenzat vergleicht das Zusammenwirken der Duftkomponenten mit den Spektralfarben des Lichtes, die unser Auge als weißes Licht „zusammen sieht“.

Verschiedenartig sprechen Pflanzendüfte den einzelnen Menschen an, sie werden vergleichbar wie Musik erlebt und individuell empfunden.

Für eine einfache **Duftkennzeichnung** werden allgemein nachfolgende Symbole verwendet:

foe	(= foetor)	stinkend
(foe)	(= foetor)	übelriechend
o	(= odor)	schwacher Duft
O	(= odor)	starker Duft
OO	(= odor)	starker umherschweifender Duft
n	(= nox)	nächtlicher Duft

Beispiele für Abkürzungen:

Lavendel	O-fl	(odor flos) starker Duft der Blüten
Pfefferminze	OO-h	(odor herba) sehr starker Duft der krautigen Pflanze.

Volksheilkunde im Wandel der Zeiten

Wechselvolle Geschichte der Kräuterkultur

Wahrscheinlich wuchsen schon in den Urgärten verschiedene Kräuterarten, die als Medizin oder Zaubermittel gegen Krankheiten bei Mensch und Tier benutzt wurden. Schon in sehr früher Zeit begann also die wechselvolle Geschichte der Kräuter in den Gärten. Die Ausgrabungen der Pfahlbauten am Bodensee gaben Aufschluß über die damals kultivierten Pflanzen, also in der Zeit vor 3000 bis 4000 Jahren. So wurden zum Beispiel Kümmel, Mohn und die Vorfahren unserer heutigen Petersilie gefunden. Obwohl diese Gärten bescheiden und schmucklos ausgestattet, offensichtlich auch äußerst einfach genutzt wurden, war dieses sogenannte Zaunland den Germanen heilig und unverletzbar. Der römische Schriftsteller Cornelius Tacitus (98 n. Chr.) schrieb in seiner „Germania", daß in diesem Lande dem Gartenbau wenig Aufmerksamkeit geschenkt wurde.

Eigentliche Gartenkultur brachten die römischen Soldaten über die Alpen in ihre besetzten Provinzen. Man wollte auf die Lebensgewohnheiten des Mutterlandes, auf eine abwechslungsreiche würzige Kost, heilende und duftende Pflanzen nicht verzichten und bemühte sich deshalb um den Kräuteranbau in unmittelbarer Nähe. Auf diese Weise wurden z. B. Zwiebelarten, einschließlich Knoblauch, Lauch, Koriander, Kerbel, Kresse, Dill und Minze auch unseren Vorfahren bekannt.

Bei Ausschachtungen im Jahre 1974 mitten im hessischen Butzbach stieß man auf eine Zisterne, vermutlich eines römischen Händlers, aus dem 2. Jhdt. n. Chr. mit einer Fülle von Pflanzenresten, Samen und Früchten. Die Funde erlaubten interessante Einblicke in die Versorgung mit Nahrungs-, Würz- und Arzneipflanzen der damaligen Besatzungstruppen und der Bevölkerung am Limes. Neben Dill, Fenchel, Koriander, Kümmel konnten Samen von Sellerie, Judenkirsche, Tollkirsche und Bilsenkraut einwandfrei identifiziert werden.

Nach der Verdrängung der Römer machten sich die Alemannen nur das augenfällig Nützliche der römischen Gartenkultur zu eigen. Seit Chlodwig förderten die Fränkischen Könige durch das christliche Mönchtum die frühe deutsche Gartenentwicklung. In der Landgüterverordnung Karls des Großen „Capitulare de villis" wurden 73 Gemüse- und Kräuterarten zum Anbau in den Bauerngärten empfohlen. Capitulare-Gärten kann man auf der Marksburg und in Aachen besichtigen.

Vor allem dem Benediktinerorden ist in der Folge die Verbreitung des Gemüse- und Kräuteranbaues zu verdanken. Die Mönche, dazu berufen, Armen und Kranken zu helfen, bauten die notwendigen heilsamen Kräuter in den Klostergärten (Bild 1) an. Über ihre Bruderorden wurden Pflanzen erworben oder ausgetauscht.

Im Mittelalter gelangten weitere einheimische Heil- und Würzpflanzen aus der freien Natur in die Kräutergärten, z. B. Wermut und Beifuß. Ergänzend wird darauf hingewiesen, daß auch in den Burggärten der höfisch-ritterlichen Gesellschaft Arzneipflanzen besondere Beachtung fanden. Sie waren erforderlich zur Wund- und Krankenpflege in den oft recht kriegerischen Zeiten. Die Kreuzfahrer brachten verschiedene Gewächse des Orients, wie Schwarzkümmel und Ysop, von ihren Reisen mit in die Heimat. Über die Würzgärten auf den Burgen sind diese Gewächse in den Bauern- und Bürgergärten heimisch geworden.

Überliefertes Wissen um die Heilkräfte der Kräuter wurde von Generation zu Generation weitergegeben, oft mit Aberglauben vermischt und jeweils durch eigene Erfahrungen ergänzt. Daraus entstand das weite Gebiet der Volksmedizin, deren Teilbereiche inzwischen wissenschaftlich bestätigt werden konnten. Diese Volksheilkunde dient heute vielfach der Neuorientierung von Heilverfahren und als Grundlage der biologischen Medizin.

Grundsätze moderner Kräuterheilkunde

Die moderne Pflanzenheilkunde (Phytotherapie) berücksichtigt und wertet überlieferte, altbewährte Erfahrungen der Volksheilkunde gleichermaßen wie neue exakte naturwissenschaftliche Forschungsergebnisse. Wesentlich ist die holistische Betrachtungsweise, d.h. Mensch und Pflanze werden in einem ganzheitlichen System verstanden, die Einzelwirkstoffe der Kräuter nicht isoliert, sondern in ihrer Gesamtheit (vgl. Seite 12) gesehen.
Überwindung der Krankheiten durch Anregung der Selbstheilungskräfte unseres Körpers, auch durch unsere Heilpflanzen, ist ein weiterer Grundsatz. Krankheitsanzeichen wie Fieber und Schmerzen sind Anzeichen von Heilungsvorgängen, sinnvollen Versuchen des Organismus, mit der Krankheit fertig zu werden. Wir brauchen die Selbsthilfemechanismen nur zu unterstützen.
Die Pflanzenheilkunde berücksichtigt also stets den ganzen Menschen. Die Behandlungen sind oft recht langwierig, der Körper wird erst allmählich gekräftigt, und die Funktionen normalisieren sich nach und nach, nicht zuletzt unter größtmöglicher Schonung der Organe.
Bei den Heilpflanzen handelt es sich zwar allgemein um milde Arzneimittel mit dem Vorzug der Ausgewogenheit ihrer Wirkstoffe. Werden die Anwendungsempfehlungen beachtet, sind auch kaum schädliche Nebenwirkungen zu befürchten. Trotzdem sollen wir auch die unbedenklichen Kräuterheilmittel immer mit Maß verwenden. Grundsätzlich gilt auch hier, daß jeder Stoff dem Körper schädlich werden kann, es hängt allein von seiner Menge oder Dosis ab, die dem Organismus zugeführt wird.
Schließlich sind Kräuteranwendungen nur ein Teilgebiet der Naturheilkunde. Maßvolle Lebensführung, Körpertraining, Atemübungen, Einschränkung der Genußmittel, z.B. Nikotin, Alkohol, Kaffee, unterstützen die Pflanzenheilbehandlungen.

Kräutergärten für alle

Immer mehr Familien wollen einen eigenen Kräutergarten besitzen. Verständlich, wer möchte nicht gerne in unmittelbarer Nähe jeden Tag soviele Kräuter unbedenklich auswählen und ernten können, daß er in deren Düften schwelgen und nach Belieben die Speisen würzen kann, zum Wohle der ganzen Familie.
Liegen im Einzelfall nur geringe Pflanzenkenntnisse vor, ist es beruhigend zu wissen, daß die im eigenen Garten geernteten Kräuter nicht mit gesundheitsschädlichen Pflanzenarten verwechselt werden können.
Wenn wir schließlich, statt zu sammeln, die Kräuter selbst anbauen, können wir bestandsgefährdete Arten der heimischen Landschaft

schonen und unsere Gärten zu Rückzugsgebieten und Erhaltungsinseln seltener Pflanzen und bedrohter Tierarten folgerichtig gestalten. Unsere Kräutergärten sollen sich zu Kräuterbiotopen entwickeln (Bild 3).

Bild 3. Wer selbstangebaute Kräuter erntet, schont die wildwachsenden Pflanzen in der freien Natur. Foto: Dr. Seitz

Den Kräutergarten mit Freude gestalten

Der Kräutergarten ist im allgemeinen ein Garten oder ein Gärtchen im Garten. Nur keine Kräuterecken! Unsere Kräuterarten verdienen es nicht, in den hintersten Gartenwinkel verbannt zu werden, womöglich auf kulturunwürdigen Böden und schattigen Standorten. Schließlich gibt es auch keine Gemüse- oder Obstecken im Garten. Wir entscheiden uns also für Kräutergärten und wollen damit auch zum Ausdruck bringen, daß hier bewußt engagiert kultiviert wird. Wenn wir auch noch mit Freude unsere Kräutergärten gestalten, bleibt der Erfolg mit Sicherheit nicht aus.

Kein Kräutergarten kann dem anderen exakt gleichen. Zuschnitt des Grundstückes, Standortbesonderheiten, Landschafts-, Dorf- bzw. Hofbild und natürlich die Bedürfnisse des Gartenbesitzers, bestimmen Gestaltung und Entwicklung. Wenn sich auch der Kräutergarten selbstverständlich dem Gesamtcharakter des Gartens unterordnen muß, so bleibt doch noch für Phantasie und Gestaltungsdrang ein breiter Spielraum.

Wie sollen wir nun unseren Kräutergarten anlegen, damit uns viele Jahre Freude und reicher Kräutersegen gewährleistet sind?

Regeln zum Anlegen von Kräutergärten

Die allgemeinen Empfehlungen gelten für die Anlage aller Kräutergärten. Finden sie aus irgendeinem Grunde keine Berücksichtigung, werden spürbare Nachteile in der Folge nicht vermeidbar sein.

○ Sonnige Standorte wählen!
Die bekannten Tee- und Kräuterarten sind vorwiegend „Kinder der Sonne" und häufig aus südlichen Ländern zu uns gekommen. Sie erreichen das volle Aroma, die bestmögliche Würzkraft und Heilkräutereigenschaften bei zufriedenem Wuchs und Pflanzengesundheit nur mit reichlicher Besonnung.

○ Möglichst in Hausnähe anlegen!
Kräuter werden oft rasch gebraucht in Küche und Haus. Deshalb legen wir unsere Kräutergärten in Hausnähe an, um sie trockenen Fußes schnell zu erreichen. Wege oder Trittwege sollten so befestigt sein, daß bei jedem Wetter die Kräuterernte möglich ist.

○ Wasseranschluß ist zweckmäßig!
Die Kräuterarten sind zwar genügsam in ihren Ansprüchen; allerdings leidet die Pflanzenentwicklung bei längeren Trockenperioden besonders auf Standorten mit leicht durchlässigen Bodenarten. Ideal ist eine zusätzliche Regenwasserversorgung. Regentonnen können auch zum Ansetzen von Kräuterbrühen für den alternativen Kräuteranbau benutzt werden. Auf alle Fälle sollten wir zumindest den Insekten und Vögeln eine Wassertränke anbieten, damit sie den Kräutergarten möglichst oft besuchen.

○ Platz für eine Gartenbank berücksichtigen!
Ohne Gartenbank fehlt unserem Kräutergarten ein wichtiges Element. Bei der Ernte werden wir nur wenig Zeit zum Sitzen und Vorputzen des Erntegutes haben. Vielmehr soll die Bank einladen, öfters im Kräutergarten zu verweilen, um sich an den vielfältigen Düften und bescheidenen Schönheiten der Kräuter, den fleißigen Bienen, Schmetterlingen, den Vögeln an der Wassertränke und anderen kleinen Gästen zu erfreuen.

○ Wichtig ist die richtige Materialverwendung.
Unsere Kräutergärten dürfen nicht kitschig wirken. Deshalb wählen wir für Wegebau, Umzäunung und Ausstattung landschaftstypische bodenständige Materialien, wie Stein – auch Feldsteine –, Holz, Ton, Keramik oder Schmiedeeisen, und berücksichtigen die örtliche Handwerkskunst.
Jeglicher unzweckmäßige Zierat, z.B. Rondelle mit gebrauchten Schlepperreifen, Einfassungen mit leeren Weinflaschen oder unbrauchbar gewordene Hofgerätschaften, entsprechen nicht den Grundzügen echter Kräutergärten von Schlichtheit, Zweckmäßigkeit und harmonischer Gestaltung, sie wirken eher wie durch Pflanzen verzierte Schrottplätze. Man kann derartige Materialien höchstens dort verwenden, wo sie bald von Pflanzen überwuchert und damit unsichtbar werden.

Gestaltungsvorschläge für Kräutergärten

Die nachfolgenden Anregungen enthalten allgemeine Hinweise, die je nach Geschmack abgewandelt oder geschickt miteinander kombiniert werden können.

Kräuterbeet und Küchenkräutergarten

Das Kräuterbeet ist die einfachste und übersichtlichste Anlage, besonders geeignet für Anfänger, die im Nutzgarten ihren Bedarf an

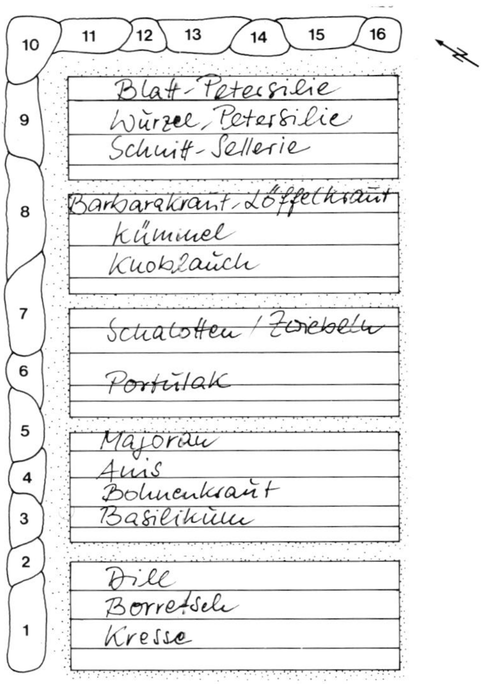

Bild 4. Beetgarten für Küchenkräuter. **1** Rosmarin/Salbei (je 3 Stück); **2** Liebstöckel, **3** Wermut, **4** Beifuß (je 1); **5** Estragon, **6** Dost (je 3); **7** Apfelminze (4); **8** Pfefferminze (9); **9** Thymian (8); **10** Beinwell (1); **11** Zitronenmelisse (3); **12** Weinraute (1); **13** Salbei, **14** Schnittlauch (je 5); **15** Winterheckzwiebeln (3) und Luftzwiebeln (2); **16** Bergbohnenkraut (3)

Kräutern und Gemüse in reihenweise angeordneten Beeten kultivieren.
Für den Küchenkräutergarten eignen sich bevorzugt rechteckige Grundstücke. Das folgende Beispiel ist für einen 4–5 Personenhaushalt gedacht. Als Grundfläche wählten wir einen Platz von 10 × 6 m (siehe Bild 4).
Wenn möglich, legen wir die fünf 1,20 m breiten Kräuterbeete in Nord-Südrichtung an. Hier werden die ein- und zweijährigen Kräuterarten reihenweise kultiviert und die bekannten Vorteile der Kräutermischkulturen im Reihensystem genutzt. Selbstverständlich kann das Pflanzenprogramm auch mit schnellwachsenden Teekräutern ergänzt werden. Das Beetfeld ist also genau wie unser Gemüse-Nutzgarten unter Berücksichtigung des Kulturwechsels zu betreiben. Die Wegeführung ermöglicht schnellen Zugang und Beerntung von zwei Seiten. Selbstverständlich ist dieser Mittelbeetteil auch für die Anlage von Hoch-, Hügel- oder Bankbeeten geeignet.
Randbeete mit einer Breite von etwa 1 m umzäunen von zwei Seiten unseren Küchengarten. Sie bieten den Standort für die mehrjährigen Kräuterarten, ganz auf den Bedarf und die Besonderheiten des einzelnen abgestimmt.
Bild 4 zeigt ein Standardprogramm für eine kräuterfreundliche Normalfamilie.
Der Küchengarten ist auch die ideale Empfehlung für alle bäuerlichen Familien, die aus Zeit- und Personalmangel den Bauerngarten alter Prägung aufgeben oder stark verkleinern müssen.
An der Nordseite kann der Kräuterbeetgarten an Gebäude oder den Obstgarten anschließen. Ostwärts dürfen die Beerensträucher wachsen, wenn für notwendigen Abstand zu den Kräutern gesorgt wird. An den West- und Südseiten haben wir den Übergang zum übrigen Wohn- oder Nutzgarten, ohne höhere Gebäude oder Bäume, damit unser Küchengarten nicht beschattet werden kann.

Streng symmetrische Kräutergärten

Häufig werden für kleine Kräutergärten streng gegliederte Gartenformen gewählt, um die verfügbare Fläche bestmöglich zu nutzen.
Auch für Schaugärten und auf Ausstellungen bevorzugt man gerne die symmetrische, regelmäßige Gartengestaltung (Bild 8).

Die Aufteilung der Rechteck- oder Quadratbeete erfolgt durch Gartenplatten, die geringfügig über dem Bodenniveau verlegt werden sollen, damit sie weniger verschmutzen und

stets schnell abtrocknen. Die Einzelbeete dürfen nicht breiter als 1,20 m sein, so daß die Pflege und Ernte der Kräuter von allen Seiten ohne Schwierigkeiten möglich ist.
Bei der Bepflanzung ist zu beachten, daß entweder für jedes Einzelbeet jeweils nur eine Pflanzenart verwendet wird oder bei Mischpflanzungen in Gruppen die höherwachsenden Arten zur Beetmitte und die niederen zum Beetrand hin angeordnet werden.
Für die Wege des symmetrischen Kräutergärtleins wählt man im allgemeinen Pflaster- oder Ziegelsteine oder auch Gartenplatten. Eine in südlichen Ländern häufige Variante ist der Gartenhof mit Steinplatten und regelmäßigen Lücken für Kräutergruppen (Bild 5) oder die Pflanzen stehen in Kübeln und anderen dekorativen Gefäßen.

Zwanglose Kräutergärten

Sie passen meist am besten zu unseren Gartenanlagen. Zwischen die Kräutergruppen legen wir zweckmäßig Trittplatten, so daß jederzeit alle Kräuter geerntet werden können. Das zwanglose, unregelmäßige Kräutergärtlein mit lockerer, großzügiger Anordnung entwickelt sich bis zum Sommer zu einem natürlichen Miteinander (Bild 6). Selbstverständlich ist auch hier auf Wuchshöhen (Bild 7) und Wuchsstärken der einzelnen Kräuter beim Pflanzen zu achten (Tabelle Seite 98 ff.).
Für die Wegebefestigungen eignen sich z. B.

Bild 5. Kräuterpflanzung im Plattenbelag

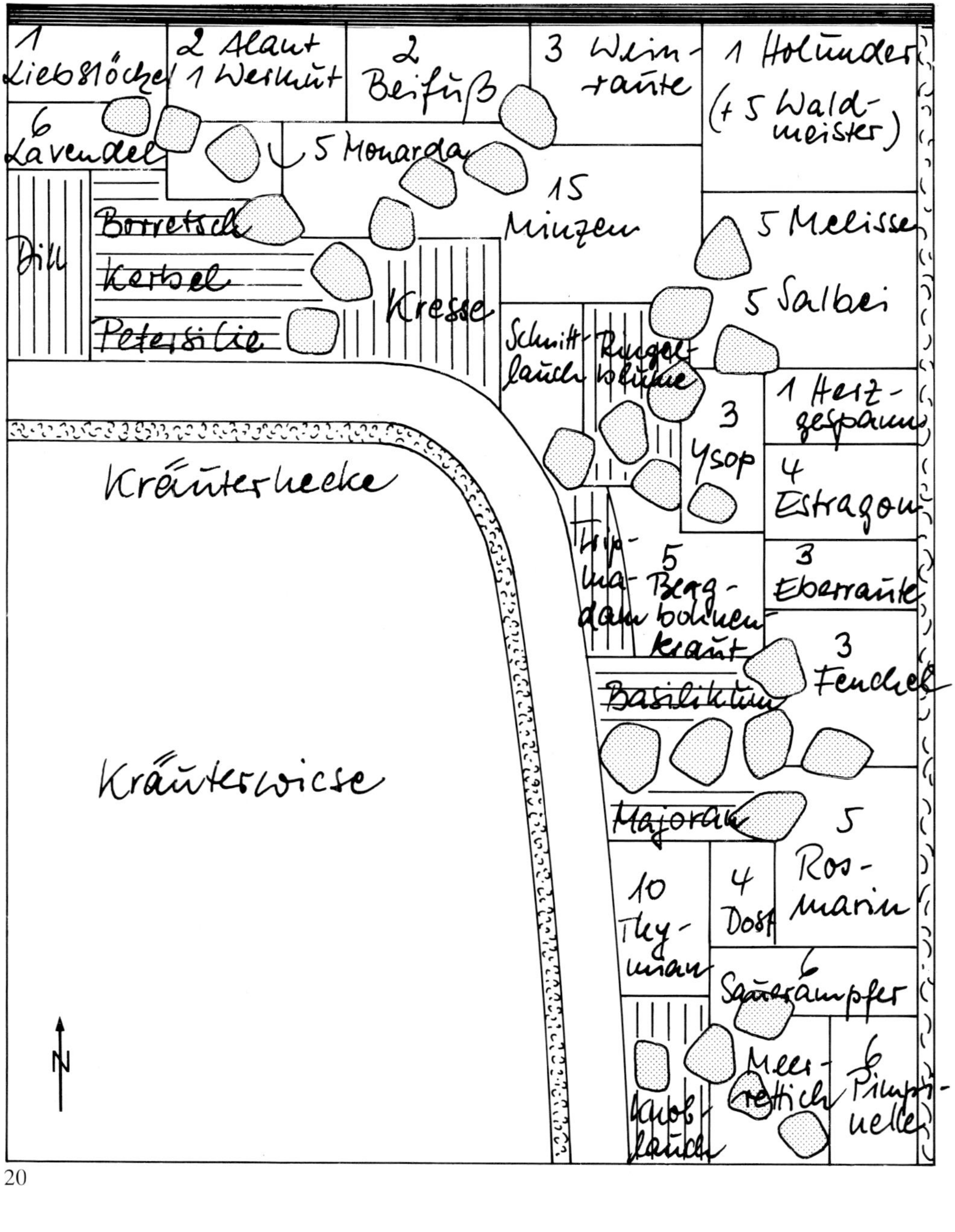
1 Liebstöckel
2 Alant 1 Wermut
2 Beifuß
3 Weinraute
1 Holunder (+ 5 Waldmeister)
6 Lavendel
5 Monarda
15 Minzen
Dill
Borretsch
Kerbel
Petersilie
Kresse
5 Melisse
5 Salbei
Schnittlauch
Kugelblume
3 Ysop
1 Herzgespann
4 Estragon
3 Eberraute
Kräuterhecke
Tripmadam
5 Bergbohnenkraut
3 Fenchel
Basilikum
Kräuterwiese
Majoran
5 Rosmarin
10 Thymian
4 Dost
6 Sauerampfer
Knoblauch
Meerrettich
6 Pimpinelle
N

Bild 6. Unregelmäßiger, zwanglos wirkender Kräutergarten

Bruchsteine und Natursteinplatten mit unregelmäßigen Formen und Pflastersteine. Ergänzend sind Kies, Sand und zerkleinerte Baumrinde als Wegbelag zu erwähnen; auch grasbewachsene und erdgestampfte Wege stören nicht. Damit loser Wegbelag nicht in die Beete gelangt, können wir diese mit niedrig wachsenden Kräuterarten, wie Thymian, Tripmadam, Petersilie oder Schnittlauch seitlich einfassen.

Der Klostergarten als Vorbild

Eine Besonderheit ist der historische Kräutergarten nach dem Vorbild der berühmten mittelalterlichen Klosterkräutergärten. Diese waren rechteckig und die Wege stets in Kreuzform angelegt. Im Mittelpunkt stand häufig ein Brunnen oder Wasserschöpfbecken (Bild 1).
Entlang der seitlichen Mauern sind die halbbreiten Beete ebenfalls in wechselvoller Vielfalt bepflanzt gewesen. Auf dem Rundbeet unseres Kräutergärtleins können hochwachsende, bestimmende Pflanzen, z. B. Alant, Angelika, Baldrian, Fenchel oder Liebstöckel stehen. In historischen Kräutergärtlein sollen selbstverständlich die damals wichtigen Heil- und Küchenkräuter vertreten sein, z. B. Petersilie, Staudensellerie, Lavendel, Salbei, Knoblauch, Minze, Koriander, Pfefferkraut, Ysop, Eberraute, Kresse, Sauerampfer, Rosmarin, Andorn, Fenchel und Thymian.
Die Wege des Kloster-Kräutergartens können auch mit niedrigwachsendem, geschnittenem Buchs eingefaßt werden. Man darf annehmen, daß die Klostergärten den ummauerten Gärten Ägyptens, Algeriens und Spaniens nachempfunden waren. Über Jahrhunderte sind sie das bestimmende Gartensystem im christlichen Abendland und die Brücke zu den Bauern- und Bürgergärten gewesen. Der mittelalterliche Kräutergarten war auch Vorläufer der späteren Blumengärten.

Fremdländische Kräutergärten

Kräutergärten in Grau- und Silbertönen

In den englischsprechenden Ländern sind die sogenannten Grau- und Silber-Gärten ein Begriff. Sie werden in geometrischen oder unregelmäßigen Formen angelegt, stets aber mit einem Mittelbeet. Die Rabatten tragen Kräuterarten mit auffallend silberfarbenen Blättern, die in der Sonne fast weiß aussehen. Auf dem Mittelbeet stehen Plastiken, künstlerisch überzeugende Statuen, auch Findlinge, skurrile Äste oder bizarre Baumruinen.
Die Silberpflanzen-Rabatten sind durchwirkt von den uns bekannten reich blühenden Kräuterarten, die mit ihrem dunklen Laub einen stimmungsvollen Kontrast ergeben. Bevorzugte Kräuter für die Grau- und Silber-Gärten sind die vielfältigen *Artemisia*-Arten, Lavendel, Wollziest, Duftminzen, Königskerzen und silberblättrige Distelarten.
Die Beetränder werden im allgemeinen mit Kräutern eingefaßt, die sich auch schneiden lassen, zum Beispiel Edelgamander, Thymianarten und Eberraute.
Die Wege der Grau- und Silber-Gärten sind mit weißen oder grauen Kieselsteinen belegt, nicht etwa mit Steinplatten.

Ornamentale, verspielte Kräutergärten

Die ornamentale Gestaltungskunst nimmt Pflanzen, Blüten und Tiere als Vorbilder und versucht in strenger, klarer Weise zu vereinfachen und zu deuten.
Ornamente bestehen aus geometrischen Figuren wie Quadrat, gleichseitigem Dreieck, Kreis und anderen Formen.
Zunächst entsteht der ornamentale Kräutergarten mit Lineal und Zirkel auf dem Zeichenpapier. Im Gelände erfolgt die Aufteilung mit Schnur und Pflöcken, Meßlatte und Sandfla-

Bild 7. Vorbildlich angelegter Kräutergarten: hinten die hochwüchsigen, vorn die kleinbleibenden Arten. Foto Dr. Seitz

sche. Die Linien der Ornamente können mit verschiedenen Steinarten und mit Kräuterhekken geführt werden. Als Pflanzen für die Hekken eignen sich niedrige *Artemisia*-Arten, Edelgamander, Zitronenthymian, Lavendel, Ysop, auch Zypressen-, Rosmarin- und Heiligenkraut.

Durch die verschlungenen Linien der Ornamente ergeben sich verschiedengestaltige Beetflächen für die Gruppenbepflanzung mit bekannten Kräutern und zum Bestreuen von buntem Kies. Häufig werden es einfache ornamentalische Gärten sein, die zur Nachahmung animieren. Einfallsreichtum und Gestaltungsfreude sind jedoch keine Grenzen gesetzt. Selbst Ornamentkräutergärten im elisabethanischen Stil lassen sich verwirklichen. Entscheidend für die Schönheit aller ornamentaler Anlagen ist, daß Form und Dekor mit dem eigentlichen Zweck in Einklang bleiben.

Originelle und fröhliche Kräutergärten

Für den fröhlichen Kräutergarten sind alle unregelmäßigen Anlagen besonders vorteilhaft. Sie bieten sich geradezu für unsere zusätzlichen Gestaltungsideen an. Wir brauchen keine bunten Gartenzwerge aus dem Kaufhaus, um fröhliche Akzente im Garten zu setzen. Es gibt genügend natürliche Werkstoffe, Holz und Stein, die sich harmonisch in die Gestaltung einfügen lassen, die Pflanzungen auflockern und fröhlich stimmen. Erinnern wir an die Vogeltränke, die in keinem Kräutergärtlein fehlen sollte, an skurrile Wurzelstöcke aus dem nahen Wald, die wie lustige Gnome aus dem Gebüsch lugen. Den Eingang bewacht ein steinern, finster blickender Wächter, ein einfacher Rundbogen mit wucherndem Hopfen bewachsen, bildet das einladende Tor. Mit geflochtenen, in den Boden gesteckten Weiden, bauen wir Brücken, die nach kurzer Zeit mit saftigen grünen Trieben ausschlagen. Die anschließende Hauswand können wir mit Ornamenten dekorieren oder stimmungsgeladen bemalen und zugleich mit Efeu bewachsen und durchwirken lassen. Auf jeden Fall steht im fröhlichen Kräutergarten eine Bank (Bild 8), damit man in aller Gelassenheit, zu jeder Tageszeit, wann immer es beliebt, die Stimmung von Licht und Schatten, von Form und Farben, vom Duft, von der Musik der Tierwelt erleben und genießen kann.

Die Kräuterhügelkultur

Kräuterhügelkulturen eignen sich insbesondere für kleine intensiv genutzte Gärten mit Hügel-, Hoch- und Bankbeeten. Sinnvolle Verwertung verrottbarer Abfälle aus Haus und Garten läßt sich dabei mit hoher Flächenleistung verbinden.

Das Hügelbeet

Hügelbeete sind in einer Grabenmulde schichtweise über dem Hügelkern aus Schnittholz, Ästen und anderem verrottbarem Material aufgebaut (Bild 9). Dabei werden auch weniger grobe Gartenabfälle, Gestrüpp, Staudenstengel, Laub, Rasensoden und Rohkompost mit verwendet und schließlich der Grabenaushub als oberste Schicht aufgebracht. Insgesamt ist damit allgemein eine Hügelhöhe von 0,80–1,00 m erreichbar. Die Länge der Hügelbeete kann beliebig sein. Vorteilhaft ist die Anlage in Nord-Südrichtung, damit eine ausgeglichene Besonnung aller Hügelteile gewährleistet ist.
Um vor allem im ersten Kulturjahr stärkerem Austrocknen vorzubeugen, wird auf der Kammitte eine Gießmulde vorgesehen. Plattenwege oder Trittplatten um das Hügelbeet erleichtern auch bei anhaltend schlechter Witterung das Begehen des Hügelgartens und das spätere Beernten der Kulturen. Ein wesentlicher Vorteil ist der Flächengewinn bis zu 30%

Bild 8. Symmetrischer Kräutergarten mit günstig aufgestellter Sitzbank. Foto Dr. Seitz

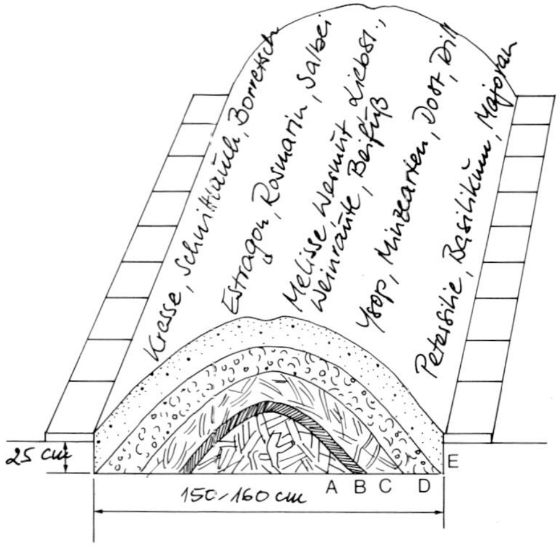

Bild 9. Hügelbeet. Aufbau und Bepflanzungsplan. **A** Hügelkern (grobere Holzteile, Äste, Schnittholz), **B** Grassoden bzw. Laubschicht, **C** Pflanzenabfälle, Staudenstengel, dorniges Gestrüpp, **D** Kompostabfälle, Grobkompost, **E** Grabenaushub, Mutterboden und reifer Kompost

durch die Hügelwölbung in den ersten Jahren nach der Erstellung.
Für Kräuterkulturen sind Hügelbeete ab dem zweiten Anbaujahr geeignet. Nach der Anlage pflanzen wir vorteilhaft zunächst kräftig wachsende Gemüsearten wie Kohl, Tomaten, Gurken, Zucchini, aber auch Sellerie und Salat, Endivie und andere Zichorienarten.
Bereits im Herbst, besser im Frühjahr, erfolgt dann die Umstellung auf die Kräuterkultur. Zweckmäßigerweise werden die mehrjährigen und stärker wüchsigen Kräuter für die oberen Reihen, die einjährigen, niedrigeren Arten dagegen für die Außenreihen vorgesehen. Das Bepflanzungsbeispiel in Bild 9 kann ganz nach den jeweiligen Bedürfnissen beliebig variiert werden.
Eine Sonderform ist das **Rundhügelbeet.** Richtig plaziert sind die Kräuter-Rundhügel selbst im Wohngarten nicht störend (Bild 10). Die Rundhügelbeete mit einem Durchmesser von mindestens 2,50 m haben den gleichen Schichtenaufbau wie die Längshügel. Auch hier achten wir darauf, daß zur Mitte hin die höheren Pflanzenarten angeordnet werden, danach folgen die mittelgroßen und schließlich am Rande die kriechenden Kräuter. Rings um den Rundhügel, auf gleichem Niveau mit der Rasenfläche, führen wir auch hier einen Plattenweg und verteilen auf dem Hügel zwischen den Pflanzen Trittsteine, um das Pflegen und Ernten zu erleichtern.
Heiter wirkt das Rundhügelbeet im Garten durch blühende Kräuter z.B. Königskerzen, Ringelblumen, Kapuzinerkresse, Borretsch, Ysop, Thymian und andere Lippenblütler.

Das Hochbeet

Hochbeete sind wie Hügelbeete aus ähnlichen Überlegungen entstanden, nämlich zur Intensivierung der Gartennutzung, für sichere und hohe Ertragsleistungen bei hochwertigen Qualitäten und umweltfreundlicher Verwertung auch sperriger, verrottbarer Abfälle aus Haus und Garten mit dem gleichzeitigen Ziel, unsere Gartenböden fruchtbarer zu machen.

Wie legen wir unsere Hochbeete an? Zunächst wird 1,60 m breit, 0,35 m tief und beliebig lang ein Graben ausgehoben (Bild 11) und der Mutterboden an den Seiten angeschüttet. Um sie vor Wühlmäusen zu schützen, können die Seitenwände mit feinmaschigem Draht verkleidet werden.
Die Aufschichtung für das zur Hälfte in den Boden versenkte Hochbeet beginnt mit einer etwa 20 cm starken Lage sperrigen Materials, z.B. kleingehackten Ästen und Zweigen, dornigem Schnittmaterial von Rosen und Hecken. Darauf folgt eine Abdeckung mit Aushubboden, der teilweise zwischen das Füllmaterial rieseln soll. Für die nächste Schicht kann man andere Pflanzenabfälle, z.B. vom Staudenrückschnitt, Kohlstrünke, Gestrüppteile u.ä. in etwa 15–20 cm Stärke vorsehen, deckt wie-

Bild 10. Das Rundhügelbeet wirkt, richtig plaziert, auch im Wohngarten nicht störend. Foto Dr. Seitz

derum mit Auswurfboden ab und verwendet, wenn vorhanden, Rasensoden, die mit dem Grasteil nach unten gepackt werden. Danach wird eine Schicht halbfertigen Kompostes, Laub- oder Strohabfälle aus dem Sammelbehälter aufgebracht und wenn möglich mit einer

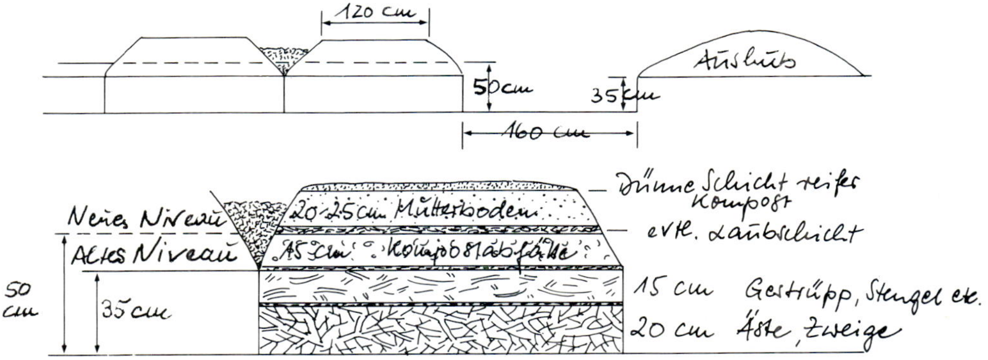

Bild 11. Hochbeet. Bau und Schichtenfolge nach Dr. Seitz

faustdicken Lage verrottetem Stallmist oder Mistkompost ergänzt. Dadurch wird der künftige Regenwurmbesatz begünstigt. Schließlich füllen wir das Beet 20–25 cm stark mit restlichem Mutterboden auf und verbessern die Oberkrume mit reifem Kompost. Die ganze Packung von der Grabensohle bis zur Beetoberfläche hat somit eine Gesamtmächtigkeit von 75–80 cm.
Das Hochbeet ist an den Seiten abgeschrägt und oberseits zur Mitte hin leicht gewölbt. Mit dem Nachbarbeet schließen wir direkt an die Grabenauffüllung an und erreichen dadurch eine lückenlose Bodenkultivierung. Verwendet man die gesamte Aushuberde, wird zwangsläufig ein neues, höheres Bodenniveau erreicht (Bild 11). Der keilförmige Ausschnitt zwischen den Hochbeeten, also der künftige Beetweg, wird mit kleingeschnittenem Abfallmaterial aufgefüllt. Schon nach absehbarer Zeit erfolgt hier eine rasante Vermehrung von Regenwürmern, die teilweise auch mit ihrer Tätigkeit seitlich in das Hochbeet hineinwirken.
Die Bodenoberfläche des Hochbeetes decken wir zweckmäßig mit einer Mulchschicht ab und können damit dem Austrocknen des Bodens wirkungsvoll vorbeugen.
Hochbeete lassen sich in jeder beliebigen Himmelsrichtung ohne Nachteile anlegen. Für Kräuterkulturen, auch hier besser erst ab dem zweiten Anbaujahr, ist ähnlich zu verfahren wie beim Hügelbeet.
Bankbeete sind Hochbeete mit Seitenhöhen bis 0,75 m, befestigt mit Balken, neuen Bahnschwellen, Brettern, Stahl-, Betonplatten oder mit Steinen ummauert.
Der Schichtenaufbau des Beetkörpers erfolgt hier über der Bodenoberfläche, sonst aber ähnlich wie beim Hochbeet. Die Wege um die Bankbeete sind befestigt und befahrbar. Deshalb eignet sich diese Gartenform besonders für ältere und körperbehinderte Menschen. Auch für Blindengärten wird die Bankbeetanordnung, kombiniert mit duftenden und wohlschmeckenden und gut ertastbaren Pflanzen bevorzugt.
Bankbeet-Kräutergärten wirken besonders attraktiv durch die seitlich überhängenden oft überreich blühenden Pflanzen.
Nachteilig sind die beachtlichen Materialkosten für die Erstellung von Bankbeeten. Die Aufwendungen lassen sich allerdings erheblich verringern, wenn die Bankbeete zur Hälfte in den Boden eingelassen und nur mit 0,35–0,40 m Seitenhöhe gebaut werden.

Für alle Formen der Hügelkulturen ist gleichermaßen die beachtliche Nährstoffnachlieferung aus eigener Kraft durch regen Abbau organischer Substanz bedeutsam. Höhere Bodentemperaturen, besonders in den Anfangsjahren und lockerer Untergrund ermöglichen eine ausgezeichnete Wurzelentwicklung. Die Kräuterhügelkultur ist besonders prädestiniert für alternative Anbauverfahren. Die oft jahrelangen Erfahrungen mit Kompostierung, die Beschränkung chemischer Pflanzenbehandlungsmittel und Handelsdünger lassen sich vorteilhaft in Hügelgärten verwerten.

Wandelbare, mobile Kräutergärten

Fehlt das passende Stück Land in Hausnähe für die Anlage eines Kräutergartens, braucht man trotzdem nicht auf die eigene Würz- und Teekräuteranzucht zu verzichten. Auf bescheidener Fläche – vielleicht in einem Innenhof, einer Hofeinfahrt, auf einer Terrasse oder dem Balkon (Bild 12) – bieten sich mobile Kräuteranlagen sogar als eine Besonderheit an. Bei überlegter Gestaltung und dem nötigen Schönheitssinn können Nutzen und Schmuckwert solcher mobilen Kräutergärten geschickt kombiniert werden.

Ein sonniger Platz für Kübelgärten

Zum Gedeihen der aromatischen Würz- und Teekräuter sind sonnige Standorte wichtigste Voraussetzung. Im Schutz von Mauern und Hauswänden bieten sich besondere Vorteile für den beweglichen Kräutergarten.

Bild 12. Auf dem Balkon lassen sich Nutzkräuter und Zierpflanzen in Töpfen und Kästen harmonisch vereinen. Foto Dr. Jesse

Sehr dekorativ ist eine stufenförmige Anordnung der Pflanzgefäße (Bild 13), z.B. auf Treppen oder eigens angefertigten Unterbauten aus Stein, Holz u.a. Materialien. Auf ebenen Flächen gruppiert man die niederen Gefäße im Vordergrund und die größeren Behälter mit höheren Pflanzen dahinter. Damit ist auch hier ein terrassenartiger Aufbau erreichbar und für die Einzelpflanze mehr Licht und Luftraum angeboten.
Zudem lassen sich an stabilen Mauern Kästen und Töpfe mit kräftigen Haken aufhängen. An windgeschützten Stellen, überbauten Hauseingängen, Terrassen, Balkonen und Loggien können schließlich attraktive Kräuterampeln

angebracht werden. Auch Dachgärten sind für unsere Kräuteranlagen geeignet, wenn der nötige Windschutz und eine ausreichende Wasserversorgung gewährleistet sind, denn über den Dächern der Stadt ist es stets windbewegt und in den Sonnenmonaten unerbittlich heiß.

Gefäße als Gestaltungselemente

Gefäße für unsere mobilen Kräutergärten werden vielfältig auch aus Beton oder Kunststoffen angeboten. Grundsätzlich sind alle diese Materialien verwendbar. Allerdings werden die natürlichen Werkstoffe, Stein, Holz, Ton und Keramik, gerne bevorzugt. Bei der Auswahl sollte man jedenfalls darauf achten, daß Material, Formen und Farben zum Standort, dem Haus sowie der näheren Umgebung passen und sich harmonisch eingliedern lassen. Oft überzeugt die Schlichtheit der Gefäße (Bild 14), denn schließlich soll die Bepflanzung dominieren.
Selbstverständlich dürfen die Gefäße in den Weiten, Höhen und im Fassungsvermögen differieren, nur sollte uns bewußt sein, daß ein Sammelsurium von Materialien und Behältern, z.B. gebrauchten Fässern, Marmeladeneimern bis zur florentinischen Schale, keinen ansprechenden mobilen Kräutergarten ergeben kann.
Reizvolle Anlagen lassen sich z.B. auch mit dickwandigen steinernen Viehtrögen erstellen, die stufenförmig angeordnet werden.
Verwenden wir die modernen Werkstoffe Beton, Betonasbest und Kunststoffe, weil sie zum Baustil passen, dann sollten wir auf möglichst einfache geometrische Formen achten, um insgesamt nicht kitschig zu wirken.
Kübelgärten bieten ein weites Feld für Ideenreichtum und Gestaltungsmöglichkeiten. „Moderne“ in nüchternen Behältern ist genauso gefragt wie „Nostalgie“ in antiken Gefäßen.
Alle Pflanzbehälter müssen durch Bodenlöcher einen ausreichenden Wasserabzug ermöglichen, und wenn der Kübelgarten im Freien überwintert, sollen die Gefäße zudem frostfest sein. Dies gilt vor allem für Tonmaterialien, die durch eindringende Feuchtigkeit und gefrierende Erde leicht zerspringen.

Vorbereitung und Pflanzung

Mobile Kräutergärten müssen nicht unbedingt bewegt werden. Bleiben sie längere Zeit auf gewachsenem Boden stehen, können wir Gefäße ohne Bodenplatten verwenden. In anderen Fällen wird durch eine Dränschicht mit

Bild 13. Die mit Kräutern bepflanzten Behälter wirken ansprechender und sind leichter zugänglich in gestufter Anordnung. Foto M. F. Wetterwald

Kies, Sand oder Tonscherben im unteren Teil der Behälter drohender Vernässung und Versauerung der Erde vorgebeugt. Zum Pflanzen verwenden wir Einheitserde oder selbstgemischte Erden, bestehend aus reifem Kompost und sandigem Boden mit Lehmzusatz bzw. unbedenklichem Rindensubstrat.
Ein zünftiger mobiler Kräutergarten besteht aus einzeln, in Kübeln wachsenden Pflanzen, z.B. Lorbeer, Zitronenstrauch und Rosmarinbäumchen, die u.U. im Winter zusätzlich Kälteschutz bedürfen, und Gefäßen mit verschiedenen zusammengepflanzten Kräuterarten.
Neupflanzungen sollten im Frühjahr und Frühsommer bevorzugt erfolgen. Bei größeren Gefäßen können wir die Gruppen individuell interessant gestalten. Aufrecht wachsende Formen können im Hintergrund, buschige Pflanzen flächendeckend und kriechende Kräuter überhängend an den Behälterrändern stehen. Jedenfalls kann man schon beim Einzelgefäß auf einen stufenförmigen Aufbau bedacht sein. Wichtig ist, daß alle Pflanzen genügend Platz zur freien Entfaltung bekommen. Ergänzend wird auf die Ampelbepflanzung mit langtriebigen, hängenden Kräutern hingewiesen. In aufgehängten Drahtkörben mit einer Moosschicht an den Außenseiten, wird besonders auch Petersilie vorzüglich gedeihen. Mit anderen Pflanzenarten läßt sich erwartungsvoll experimentieren.

Kräuterturm, Mooswände, Torfsack

Besonderheiten des mobilen Kräutergartens sind Kräuterturm, Mooswand (vgl. Bild 2) und Torfsackkultur. Aus einem Baustahlgitter biegen wir uns die zylindrische Form, das Turmgerüst. Die Innenverkleidung erfolgt mit pflanzenverträglichem Bitumenpapier, bevor die Erde eingefüllt und vorsichtig eingestampft wird. Beim Pflanzvorgang können rings um den Turm Einzelfelder des Bitumenpapiers herausgeschnitten und die Kräuter gruppenweise eingesetzt werden. Höher wirkt der Kräuterturm, wenn obenauf einige aufrecht wachsende Pflanzen stehen.

Bild 14. Ein übersichtlicher „Kleinkräutergarten" in schlichten Behältern vor einer schützenden Hecke. Foto Burda/Fi

Auf ähnliche Weise wie der Kräuterturm können dekorative Mooswände mit Kräutern bepflanzt werden (Bild 15).
Unkompliziert sind Kräuterkulturen in Foliensäcken. Vorteilhaft eignen sich Fertigerden mit Düngerzusatz, weil damit Nachdüngungen im allgemeinen nicht notwendig oder erst Wochen später erforderlich sind. Vergessen wir nicht, auf der Unterseite des Torfsackes einige Wasserabzugslöcher einzustechen, damit Staunässe vermieden wird. Oberseits bringen wir im Abstand von 20 × 25 cm runde Löcher oder Kreuzschnitte an zum Einsetzen der Kräuterjungpflanzen. Die Torfsackkulturen sind besonders wuchsfreudig und ertragsreich. Sie müssen jährlich erneuert werden. Die

mehrjährigen Kräuterarten haben sich inzwischen so stark entwickelt, daß man sie bei dieser Methode nur geteilt wieder verwenden kann.

Kübelgärten und ihre Pflege

Eigentlich sind Würz- und Arzneikräuter anspruchslos. Stehen sie allerdings in Gefäßen, müssen sie je nach Witterung regelmäßig gegossen und betreut werden. Findige Bastler können für ihren mobilen Kräutergarten allerdings eine automatische Tropfbewässerung bauen.
Neuerdings werden zur Verbesserung der Wasserhaltefähigkeit der Böden einfache Spezial-Quellmittel zugesetzt (z.B. 1–2 g Aquella je kg Erde). Damit soll die Wasseraufnahmefähigkeit der Erde um mehr als das Zweihundertfache verbessert werden können. Für diese Gießwasserspeicher werden Unbedenklichkeit und eine fünfjährige Funktion vom Hersteller garantiert.

Bild 15. Bei Platzmangel hilft die Kultur an der Kräuterwand. Ein mit Rupfen ausgekleidetes Maschendrahtgestell wird mit guter Erde gefüllt und durch den Maschendraht bepflanzt. Foto Dr. Jesse

Kräuter in Mischkulturen

Im Nutzgarten können die verschiedenen Kräuterarten als wachstumsfördernde Partnerpflanzen wichtige Funktionen erfüllen und allgemein auf Pflanzen- und Bodengesundheit fördernd wirken. So gesehen können im Nutzgarten gar nicht genug Kräuter als Misch-, Zwischen- und Ergänzungskulturen angebaut werden (Bild 16). Auch wenn wir bereits einen separaten Küchenkräutergarten haben, gilt diese Feststellung. Selbstverständlich passen sich alle ein- und zweijährigen Kräuterarten am besten der Fruchtfolge-Rotation in unseren Gemüsegärten an, insbesondere, soweit sie sich durch Aussaat schnell und problemlos vermehren lassen.

Bewährt und empfehlenswert sind folgende Kombinationen mit Kräutern im Nutzgarten:
Basilikum ist besonders wärmebedürftig (Bild 31). Es kann deshalb unter Glas vorkultiviert und später ins Freiland ausgepflanzt werden. Direktaussaaten erfolgen erst ab Anfang Mai in Reihen, z.B. neben Tomaten, zwischen Kohlrabi, Schwarzwurzel oder Zwiebelarten.
Bohnenkraut kennen wir vor allem in Mischkultur mit Buschbohnen und Zwiebeln. Es soll das Bohnenwachstum fördern und die gefürchteten Bohnenläuse abwehren. Auch als Reihensaat z.B. zwischen Zwiebeln ist Bohnenkraut eine beliebte Ergänzung.
Borretsch, von Natur aus robust, wird meist nicht in großen Mengen benötigt. Es genügen jeweils wenige Samen zwischen stärker wachsenden Kulturen, wie Zucchini, Gurken, Erdbeeren und Tomaten. Blühender Borretsch lockt Bienen und andere Insekten in den Garten und trägt zur Belebung wesentlich bei.

Einmal heimisch geworden im Garten, sät er sich gerne auch selbst wieder aus (Bild 32).

Dill säen wir bevorzugt schon mit dem ersten Salat ins Mistbeet und mit den Frühsätzen von Möhren unter Folien, Vlies ins Freiland, damit dieses ausgezeichnete Würzkraut bereits zur ersten Salaternte verfügbar ist. Dill als Zwischensaat stört später auch nicht in Kohlbeeten, in Reihen von Roten Rüben, Erbsen, Gurken oder Zwiebeln. Wir brauchen also Folgesaaten für den ganzjährigen Bedarf. Dill sät sich vielfach auch selbst aus, deshalb sollten wir beim Unkrautjäten darauf achten, daß immer einige Pflanzen in den Gemüsekulturen erhalten bleiben.

Kamillen in Reihen gesät, sind ideale Partner für fast alle Gemüsearten.

Kerbel kann schon früh den ersten Salatsaaten beigefügt werden. Da Kerbel schnell gedeiht und die Flächen wieder räumt, können wir ihn als Reihensaat für nahezu alle Frühgemüsearten zur Mischkultur empfehlen. Ob es wohl stimmt, daß allein durch seine Anwesenheit die Nachbarkultur vor Schneckenfraß geschützt werden kann? Vielleicht lassen sich diese Angaben durch eigene Beobachtungen bestätigen.

Kümmel und **Koriander** (Bild 33) sind empfehlenswerte Nebensaaten für Kohlarten, Frühkartoffeln, Rote Rüben, Gurken und Erdbeeren.

Kapuzinerkresse verträgt sich ausgezeichnet mit Kohlarten, Tomaten, Gurken, Melonen, Zucchini, Paprika. Als Untersaat auf Baumscheiben unserer Obstbäume können angeblich Blattläuse abgewehrt werden.

Knoblauch soll z. B. die Entwicklung der Bohnen, Rosen und Himbeeren fördern können. In Reihen gesteckt, kann Knoblauch neben Roten Rüben, Sellerie und Möhren stehen.

Bild 16. Kräuter in Mischkultur (Zitronenmelisse, Dost, Schnittlauch, Rosmarin, Knoblauch). Foto J. Streicher

Kresse (Gartenkresse) säen wir stets in Reihen und in Folgesätzen neben oder zwischen Salat, Rettiche und robusten Gemüsearten.
Majoran wird als Mischkulturpartner von Möhren empfohlen.
Petersilie – hier bevorzugen wir gerne die glattblättrigen Sorten – kann in Reihen gesät z. B. neben Tomaten und in Spargeljunganlagen wachsen.
Petersilie und Kopfsalat sind keine guten Partner, wobei Kopfsalat der benachteiligte Nachbar ist.
Pfefferminze und andere Minzearten vertragen sich mit Kartoffeln, Kohl und Rettich.
Portulak, eine gutmütige Kräuterart, verträgt sich eigentlich mit allen Gemüsen. Ebenfalls in Reihen gesät, gilt er als dankbare, schnellwachsende Zwischenkultur.
Ringelblumen beleben das Gartenbild und können überall mitwachsen, so zwischen Tomaten, Kohl, Erbsen, Gurken, Spargel, Erdbeeren und Himbeeren.
Senf, besonders schnell keimend und wachsend, eignet sich für Einsaaten auf freigewordenen Beeten oder Zwischenreihen, sofern der Nutzgarten nicht kohlhernieverseucht ist, während des ganzen Gartenjahres. Im jungen Stadium läßt sich der Senf wie Kresse in der Küche verwenden. Zur Gründüngung müßte er mindestens handhoch geworden sein, bevor wir ihn schneiden. Übrigens soll Senf Schnekken von den Nachbarreihen fernhalten.
Wermut (Bild 47) zwischen Schwarzen Johannisbeeren kann dem gefürchteten Säulenrost entgegenwirken.

Ergänzend bleibt zu erwähnen, daß unsere Kräuterarten auch in Kombination mit vielen Zierpflanzen im Garten wertvolle Funktionen erfüllen und dabei noch attraktiv aussehen können. Z. B. bilden Lavendel, Salbei, Ringelblumen und Thymian zwischen Rosen, Lilien und Iris oder auch im Steingarten und als Randpflanzungen von Staudenbeeten nützliche Nachbarschaften.
Vielseitig empfehlen sich unsere Kräuter als Partner für Mischkulturen im Garten. Längst sind nicht alle günstigen gegenseitigen Beeinflussungen auf Ertrag, Krankheitswiderstandsfähigkeit und Qualität, Aroma und Geschmack bekannt. Ein weites Feld des Experimentierens und der Beobachtung bietet sich geradezu an.
Fassen wir zusammen: „Mehr Kräuter im Anbauplan bedeutet, den Erfolg für einen fruchtbaren Nutzgarten auf Dauer vorprogrammieren.“

Kräutergärten auf dem Lande – Ländliche Kräutergärten

Die Grundzüge echter bäuerlicher Gartenkultur sind Zweckmäßigkeit, Schlichtheit, nötige Robustheit und natürliche Schönheit.
Bauerngärten sind unverzichtbare Bestandteile der Gehöfte, Dörfer und Landschaften. Kräuter zum Würzen der Speisen und als Heilmittel für Mensch und Haustiere hatten jahrhundertelang ihre Heimstatt in diesen bäuerlichen Gärten (Bild 17). Ohne Unterschied wuchsen Würz- und Teepflanzen sowohl im bescheidenen Tagelöhner- wie im wohlhabenden Gutsgarten. Die mehrjährigen Kräuter wurden bei Bedarf durch Teilen von der Landfrau selbst vermehrt; einjährige Arten ließ sie an Ort und Stelle aussamen, und in jedem zünftigen Landgarten stand ein Strauch des heilkräftigen Holunders.
Inzwischen haben sich die Dorfstrukturen gewaltig verändert; die nicht bäuerliche Bevölkerung überwiegt, Familien siedeln über in Landgemeinden, um mit ihren heranwachsenden Kindern natürlicher leben zu können. Durch diese Entwicklung hat sich die Einstellung zum Garten gewandelt. Nicht nur der blühende Wohngarten, sondern der eigene Anbau von Obst, Gemüse und Kräutern sind wieder mehr gefragt. Gewiß verlangen neue Entwicklungen angepaßte Maßnahmen, aber warum sollen dazu nicht langjährig bewährte vorbildliche Einrichtungen berücksichtigt und aktiviert werden? Einst waren nämlich in den Dörfern die Pfarrgärten beispielgebend für die Ge-

staltung und Ausstattung, aber auch für die Erhaltung bewährter Pflanzenarten, z.B. von vielen aromatischen und heilkräftigen Kräutern. Im Schulgarten erhielten die Jugendlichen ihre Grundkenntnisse über Pflanzen- und Gartenkultur, aber auch ihr erstes Kräuterverständnis.
Helfen wir mit, die Kirch- und Pfarrgärten (Bild 18) in den Dörfern funktionsgerecht zu erhalten und die neue viel beachtete Schulgartenidee zeitgemäß zu verwirklichen, damit durch Beispiele und Beratung Erfahrungen über Anbau und Verwertung der Kräuter verbreitet werden können.
Besonders lobenswert ist die Durchführung von Kräutermärkten auf dem Lande. Die Kräutermärkte tragen dazu bei, daß überliefertes Wissen der Volksheilkunde und der Würzkunst nicht in Vergessenheit geraten. In Hessen werden die Erlöse der Kräutermärkte zur Erhaltung verlassener alter Landkirchen sowie zur Gestaltung der zugehörigen Kirchhöfe zu kräuterreichen Kirchgärten verwendet (Bild 19).
Auch die Gemeinden sind auf dem richtigen Wege, wenn sie im Rahmen ihrer Grünflächenplanung informative Kräuterbeispiele oder Lehrkräutergärten anlegen. Der freie Platz vor dem Feuerwehrhaus einer hessischen Ortschaft sollte begrünt werden. Aktive Bürger haben erreicht, daß gemeinsam mit einem Apotheker dort ein lehrreicher Kräutergarten entsteht.
In ländlichen Kräutergärten dominieren die Würzkräuter, weil viele Heilpflanzen durch Sammeln auf Wiesen, Feldern und in den Wäldern das Kräuterprogramm ergänzen können. Hier ist vielfach das große Kräuterbeet (Bild 20) ausreichend. Empfehlenswert sind weiterhin die Form des Kräuterbeetgartens (Bild 4) und alle unregelmäßigen, zwanglosen Gestaltungsbeispiele.

Bild 17. Im ländlichen Garten wachsen Küchenkräuter, Gemüse- und Zierpflanzen einträchtig nebeneinander. Foto H. E. Laux

Vom Kräutergarten zum Kräuterbiotop

Wer seinen Kräutergarten „alternativ“ bewirtschaften will, hat keine besonderen Schwierigkeiten mit der Kultur von Kräutern. Die Heil- und Würzpflanzen sind in beachtlichem Maße widerstandsfähig gegen Krankheiten und stellen nur bescheidene Ansprüche an die Düngung. So lassen sich eigentlich alle bekannten alternativen Anbauverfahren auf unseren Kräutergarten übertragen. Selbstverständlich ist die wichtigste Voraussetzung, daß der Standort nicht an verkehrsreichen Straßen

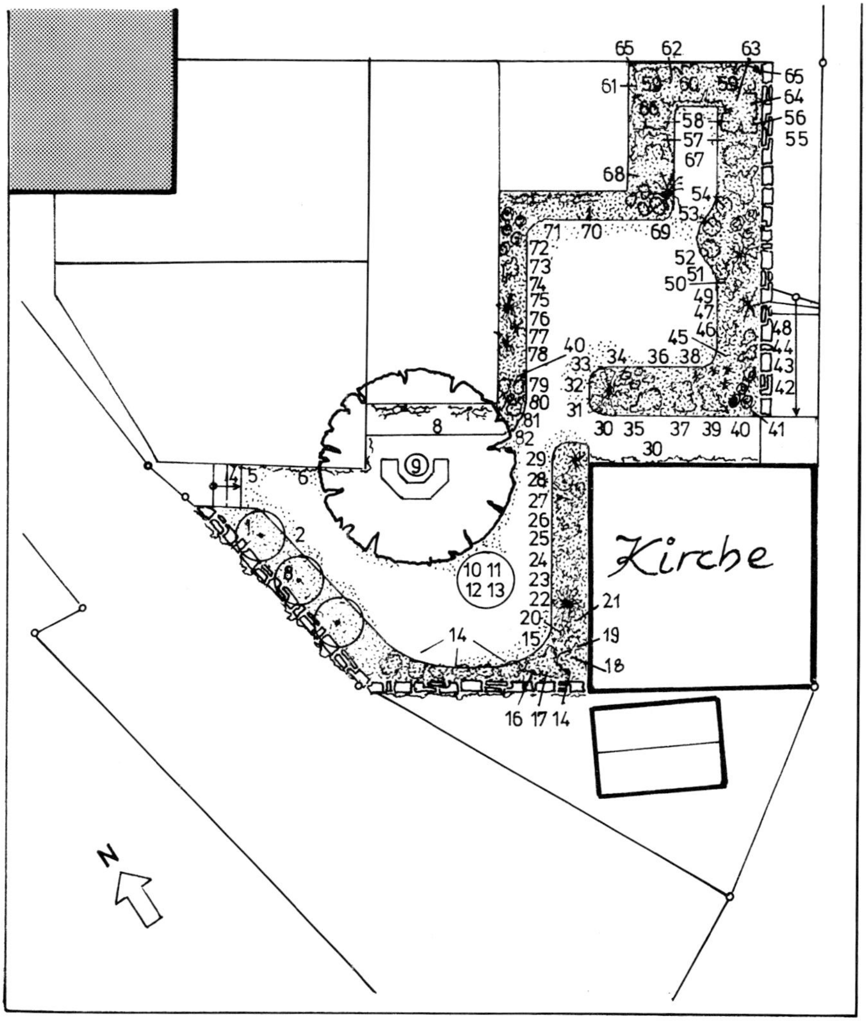

Bild 18. Ein Kirchgarten – gestaltet mit Arznei-, Würz- und Duftpflanzen. Idee und Vorlage I. Bott. **1–3** Flieder, Goldregen, Bluthasel; **4–6** Nelkenwurz, Alant, Hopfen; **8–9** Walnußbaum, Faulbaum; **10–13** Akelei, Fetthenne, Waldgamander, Weiße Taubnessel; **14** Rosen; **15–28** Johanniskraut, Iris, Königskerze, Herzgespann, Wermut, Beifuß, Salbei, Gilbweiderich, Lilien, Dost, Pfefferminze, Glockenblume, Eberraute; **29** Faulbaum; **30–33** Dachwurz, Angelika, Nachtviole, Vergißmeinnicht; **34** Schlehen; **35–57** Sauerampfer, Fenchel, Scharbockskraut, Günsel, Beinwell, Waldmeister, Windröschen, Christrose, Glockenblume, Römische Kamille, Ruprechtskraut, Taubnessel, Gundermann, Färberkamille, Immergrün, Nachtviole, Margerite, Storchschnabel, Jakobsleiter, Schafgarbe, Zitronenmelisse, Akelei, Pfingstrose; **58** Rasenbank; **59–60** Rosen, Weinrebe; **61–64** Veilchen, Maßliebchen, Schlüsselblume, Erdbeere; **65** Haselnuß; **66–69** Brennessel, Muskatellersalbei, Waldrebe, Leberblümchen; **70** Himbeere; **71–82** Miere, Mariendistel, Eisenhut, Efeu, Kriechweide, Königskerze, Fingerhut, Mohn, Lupine, Phlox, Giersch, Holunder

oder in der Nähe eines umweltbelastenden Industriebetriebes liegt. Deshalb bieten sich vor allem ländliche Kräutergärten für derartige Kulturen an.
Beim alternativen Kräutergarten wird die Pflanzengruppierung schon vor der Anlage sorgfältig überlegt. Petersilie sollte z. B. nicht neben Wermut stehen, weil diese beiden Arten keine verträglichen Nachbarn sind.
Stellen wir erst im Laufe der Zeit Unverträglichkeit fest, wird nur die beeinträchtigte Pflanze ausgewechselt und durch einen verträglichen Partner ersetzt.
Mechanische Bekämpfungen, z. B. Rückschnitt befallener Triebe, Sammeln von Raupen und Schnecken und andere nützlingschonende Maßnahmen, können chemische Behandlungen teilweise ersetzen.
Im allgemeinen ist mit einem etwa 15–20 %igen Minderertrag beim alternativen Anbau – als Tribut an den Naturkreislauf – zu rechnen. Mit Hilfe von Kräuterbrühen und Kräuterjauchen wird aber die Widerstandskraft der Pflanzen gestärkt. Schlüsselfunktion bleibt die ausreichende Humusversorgung des Kräutergartens, unterstützt durch Mulchen, und – wenn erforderlich – organische Handelsdünger, in unserem Kräutergarten z. B. seit Jahren erfolgreich mit Oscorna.
Ausdauernde Kräuter am richtigen Standort braucht man auch nach mehreren Jahren nicht umzupflanzen, wenn es gelingt, daß aus der Pflanzengruppierung eine Lebensgemeinschaft erwächst. Sollten sich andere Kräuterarten ohne unser Zutun ansiedeln und untereinander vertragen bzw. die Gemeinschaft sogar fördern, wollen wir nur dann regulierend eingreifen, wenn die Bestände zu dicht werden.
Aus diesem alternativen Kräutergarten hat sich auf solche Weise schon bald ein eigenes Kräuterbiotop entwickeln lassen. Vielleicht finden hier zudem seltene, bedrohte Schmetterlinge und Käfer die notwendige Lebensgrundlage und eine dauernde Zuflucht.
Ein eigenes Gartensystem für den alternativen Kräuteranbau bietet die Permakultur mit ihrem spiralförmigen Küchengarten.
Ein Plattenweg, beidseitig in beliebiger Reihenfolge mit Kräutern bepflanzt, bildet die Spirale. Der Spiralweg endet mit einem runden Wasserbecken, zur Anzucht von Brunnenkresse.

Kräuterwiesen und Naturgärten als Kräuterreservate

Kräuterwiesen. Unbearbeitete Landstreifen, entlang von Gebäuden, hinter Schuppen oder Stallungen einzelnstehender Bauernhöfe, angrenzendes Hanggelände, Raine oder größere Wochenendgrundstücke sind oft schwierig zu bearbeiten bzw. viel kostenaufwendiger als intensive Rasenflächen zu pflegen.
In solchen Fällen bietet sich die Umwandlung in Kräuterwiesen an. Sehr häufig finden wir auf diesen Flächen schon eine Reihe von wertvollen Heilkräutern oder Wildgemüsen, z. B. Wegwarte, Kamille, Rainfarn, Schafgarbe, Odermennig, Wegericharten, Gänseblümchen, Brennessel, Wiesenknopf, Weidenröschen und Sträucher wie Holunder, Wildrosen, Ebereschen, Brombeeren.
Für unser Vorhaben müssen wir zunächst das Grundstück entrümpeln und auch größere Steine aufsammeln. Dann bestehen zwei Möglichkeiten, entweder weiterwachsen lassen oder umbrechen und mit einer Wildkräuter-Wiesenmischung ansäen. Wählen wir den einfacheren Weg, das Stehenlassen, muß jegliche Stickstoffdüngung unterbleiben. Die erste Mahd der sicherlich stark verfilzten Narbe erfolgt, wenn das Gras etwa 25 cm hoch ist. Es lohnt sich die Mühe, an verschiedenen Stellen fleckenweise umzugraben und bestimmte Kräutermischungen – jeweils einige Quadratmeter Fläche – umzubrechen, eine Kräuterwiesenmischung einzusäen oder auch Wildstauden aus Spezialstaudengärtnereien zu pflanzen. Mit diesen Pionierpflanzungen soll der Umstellungsprozeß beschleunigt werden.
Bei Neueinsaaten von Kräuterwiesen erscheint zunächst eine Vielzahl von Kräuterarten, teilweise auch weniger erwünschte, und

Bild 19. Einladung zum Kräutermarkt. Der Erlös solcher Kräutermärkte dient der Erhaltung alter Landkirchen – ein nachahmenswertes Beispiel des Förderkreises „Alte Kirchen" in Altenvers Lohrs. Entwurf I. Bott

nicht immer in gleichmäßiger Verteilung. Im Laufe der Jahre regulieren sich die Pflanzenbestände, abhängig von Bodenart, Nährstoff- und Wasserversorgung, Häufigkeit der Schnitte und Mahdzeitpunkt. Durch Samenzuflug ergänzt, entsteht schließlich die standortgerechte Pflanzengesellschaft.
Sind die Böden durch die vorhergegangene Nutzung reich an Nährstoffen, sollte nach jeder Mahd zunächst das Schnittgut entnommen werden.
Nach der Umstellung ist die Kräuterwiese jährlich einmal zu mähen, am besten im Spätsommer nach dem Absamen.
Später kann man sich auf weniger Schnitte beschränken; allerdings dürfen die Zeitabstände nicht länger als fünf Jahre dauern, um einer starken Verbuschung unserer Kräuterwiese vorzubeugen.
Selbstverständlich können auf der Kräuterwiese auch hochstämmige Obstbäume mit bewährten robusten Sorten wachsen. Vorteilhaft stehen diese Streuobstbäume in Feldholzinseln in Gemeinschaft mit Sträuchern, die wir ebenfalls als Heilpflanzen schätzen, z. B. Holunder, Faulbaum, Ebereschen, Weißdorn, Vogelkirschen, Wildrosen u. a. Obstbäume und Strauchpflanzungen sind im Aufbaustadium vor Wildschäden zu schützen.
Wenn wir schließlich in den ersten Jahren Wildsalate und Teekräuter schonend ernten und die Bestände sich entwickeln lassen, wird aus unserer Kräuterwiese eine einträgliche Kräuterfarm.
Naturkräutergärten umfassen größere Areale in der freien Landschaft. Es handelt sich dabei um weniger fruchtbare Brachflächen, stillgelegte Steinbrüche, Kies- oder Tongruben, Steinhalden oder Hanglagen, die landwirtschaftlich nur schwierig zu bearbeiten sind. Solche Landschaftsteile langfristig in Natur-Kräuterreservate umzuwandeln, überfordert im allgemeinen die Möglichkeiten des einzelnen Bürgers. Hier müssen Vereine und Interessengruppen, vielleicht mit Unterstützung der Gemeinden, Landkreise und Grundstücksbesitzer, tätig werden. Wichtig ist planvolles, systematisches Vorgehen. Ein Stufenplan über längere Zeitabschnitte für Gruppenbepflanzungen, Neuansaaten und Schutzmaßnahmen ist unerläßlich. In Gemeinschaftsaktionen kann man, angepaßt an den Standort seltene Kräuterarten ansiedeln und ganz bewußt auch durch den nachfolgenden notwendigen Schutz wieder heimisch machen.
Fachliche Beratungen bieten Landrats- und Landwirtschaftsämter an.
Die Naturkräutergärten sollten wir beschildern und dabei auf seltene Kräuterarten hinweisen, die möglichst nicht gesammelt werden sollten. Ausgezeichnet eignen sich solche Naturkräutergärten auch für die Anlage von Kräuterlehrpfaden, als Ergänzung des Naturkundeunterrichtes allgemeinbildender Schulen und Bestimmungsübungen bei Kräuterseminaren.

Kräutergärten in der Stadt

Bis zum Ende unseres Jahrtausends werden voraussichtlich 51% der Weltbevölkerung in Städten mit mehr als 20000 Einwohnern leben; in einigen Regionen sogar über 80%. Trotz aller Bemühungen konnte die Stadtgrün-Entwicklung in den zurückliegenden Jahren nicht Schritt halten. Die Menschen in der Stadt, vor allem Kinder und Heranwachsende, brauchen aber den täglichen Kontakt mit der Natur für eine gesunde seelische, geistige und körperliche Entwicklung. Bemerkenswert sind deshalb die Bestrebungen, alle „Grünreserven" zu aktivieren, neben den öffentlichen Grünanlagen und Kleingartenkolonien private Grünflächen und Freiräume konsequent zu nutzen. Durch die Gewinnung auch kleinster Flächen könnte ein Mosaik von Grünräumen über die ganze Stadt verteilt entstehen. Es geht dabei im besonderen um die kleinräumige Wohnumfeldverbesserung durch Begrünen von Innenhöfen, Vorgärten, Fassaden, Balkonen und Dachgärten. Vorbildlich arbeitet z. B. in München der Verein „Urbanes Wohnen" mit seiner Aktion „Grüne Gartenhöfe".

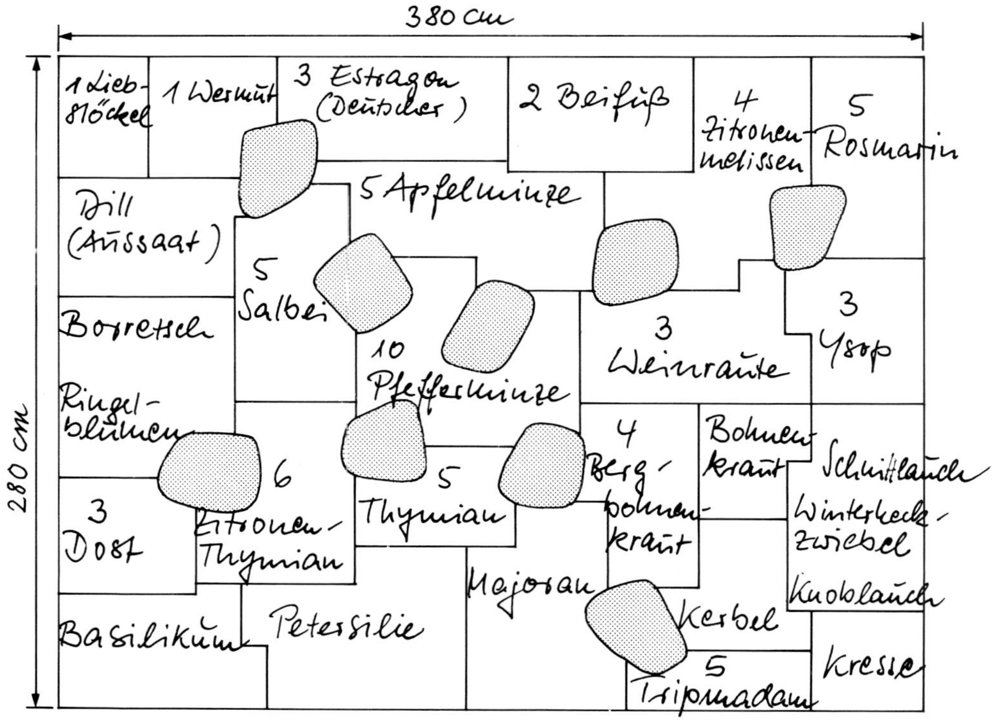

Bild 20. Großes Kräuterbeet für eine vierköpfige Familie (2.80 × 3.80 m)

Bürger jeden Alters und unterschiedlicher Berufe helfen sich gegenseitig bei der Verwirklichung ihrer Grünprojekte. Nachdem verschiedene Modelle mit besten Ergebnissen verwirklicht worden sind, empfehlen wir, überall den Hausbewohnern und ihren Gemeinschaften vorhandene Freiräume zur Selbstgestaltung, Pflege und Verantwortung zu überlassen und deren Initiativen zu unterstützen.

Wie man einen Hinterhof in einen grünenden Freiraum gestalten kann, zeigt Bild 21.

Für unsere Überlegungen zum Kräuteranbau sind die vorgesehenen Bankbeete geeignet. Bevorzugt können duftende Pflanzenarten Verwendung finden, auch für die lebende Fassadenverkleidung. Wilder Wein, Efeu, Hopfen oder Kletterrosen schaden nicht den Hauswänden; sie erhöhen vielmehr die Lebensdauer des Außenputzes.

Bei den Kräutergärten in der Stadt interessiert gleichermaßen auch die Einbeziehung von Dachgärten. Neuere Systeme und umfangreiche praktische Erfahrungen lassen in Zukunft eine verstärkte Dachbegrünung erwarten. Gärten auf Dächern sind eigentlich orientalischen Ursprunges. Denken wir dabei auch an

Bild 21. Hinterhof- und Fassadenbegrünung mit bepflanzten Dächern

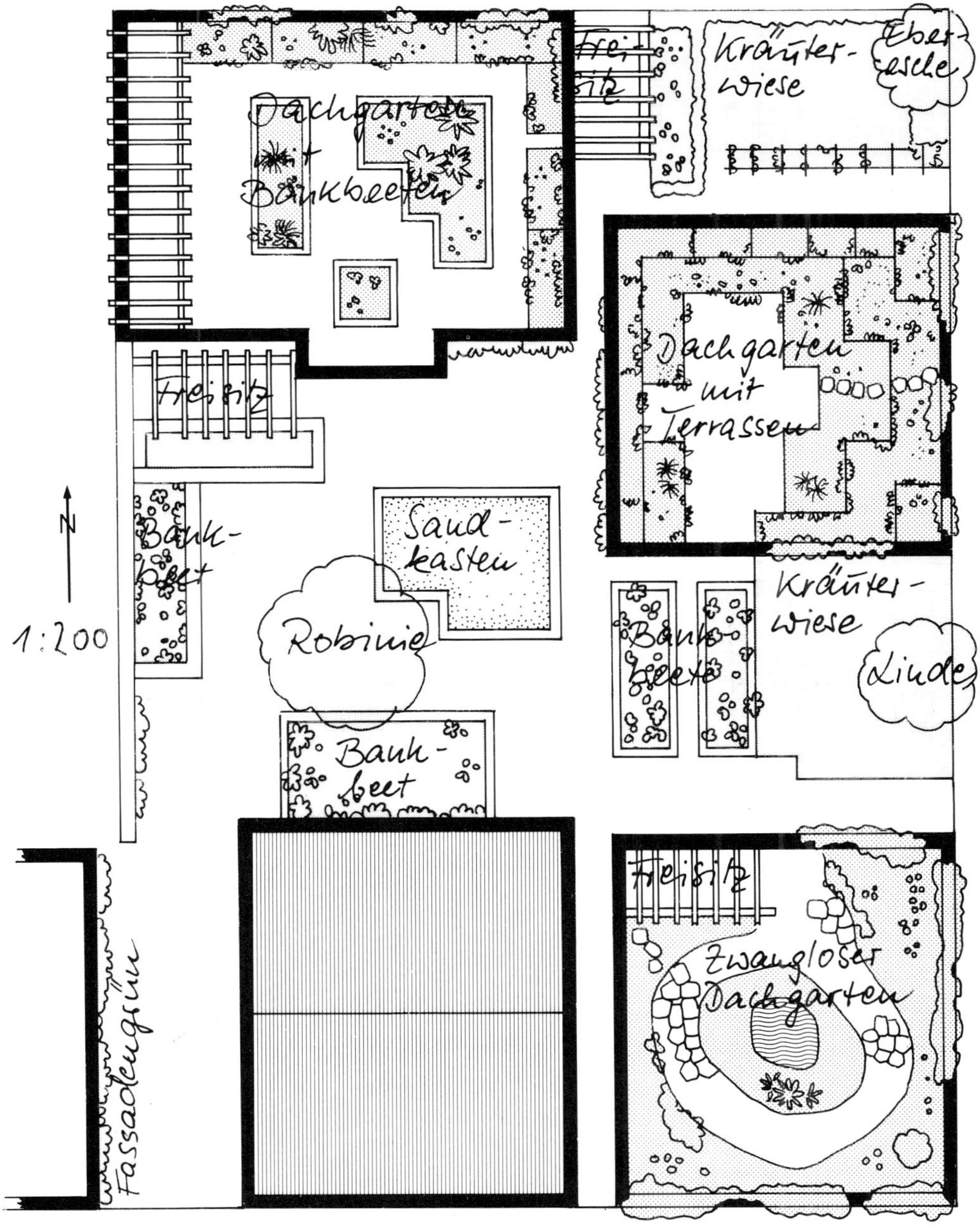
Dachgarten mit Bankbeeten
Frei-sitz
Kräuter-wiese
Eber-esche
Freisitz
Dachgarten mit Terrassen
Bank-beet
Sand-kasten
Kräuter-wiese
Robinie
Bank-beete
Linde
1:200
N
Bank-beet
Freisitz
Zwangloser Dachgarten
Fassadengrün

die hängenden Gärten der Babylonier, die Terrassengärten der Königin Semiramis.
Seit Jahrhunderten gibt es aber auch grüne Dächer in Island, Kanada und Skandinavien. In Deutschland wurden erstmals 1839 Dachgärten mit dem Holzzementsystem des Böttchermeisters Samuel Häusler aus Hirschberg in Schlesien bekannt.
Bei der Begrünung von Dachgärten gibt es Probleme besonderer Art, weil der natürliche Bodenanschluß fehlt und vielseitige intensive Wechselwirkungen der Bepflanzung mit den Gebäuden bestehen. Nun, dem Architekt obliegt die Verantwortung über Belastbarkeit, Schichtenaufbau, Isolierung, Be- und Entwässerung. Uns bleibt die vielseitige Mitgestaltung bei Aufbauten zum Gliedern der Dachgärten, Errichten von Pergolen, Sitzplätzen, Bankbeeten, Pflanztrögen und bei der Bepflanzung. Die Pflanzenauswahl ist abhängig vom verfügbaren Wurzelraum. Das Baum-/Strauchgerüst mit breit ausladenden Ästen wird deshalb entweder direkt in die Dachbeete oder in große Kübel bzw. Tröge gepflanzt. Ein- und zweijährige, zwiebelartige und mehrjährige Kräuter bestimmen die zweite Ebene. Bevorzugt werden gerne duftende Pflanzenarten, wenn die Dachgärten für den Aufenthalt der Hausbewohner oder in Betrieben für die Pausenzeiten vorgesehen sind. Solche Kräuter eignen sich auch besonders für Sträuße und duftende Arrangements.
Würz- und Teekräuter aus Dachgärten umweltbelasteter Bereiche sollten mit Vorsicht Verwendung finden, obgleich die meisten bedenklichen Schadstoffe durch gründliches Waschen vor dem Verzehr stark vermindert werden können.
Beliebte und bewährte Kräuterarten für Dachgärten sind Lavendel, Thymian, *Artemisia*, Dost, Heiligenkraut, um nur einige zu nennen.
Die Entwicklung zur „verkehrsgerechten Stadt" der 60er Jahre soll durch die begonnenen Maßnahmen für die Schaffung der „verkehrsberuhigten Stadt", z.B. durch Einrichtung von Fußgängerzonen und verkehrsfreien Wohnbereichen, abgelöst werden. Das bedeutet für Vorgärten, Gartenhöfe und Dachgärten der Städte in Zukunft noch mehr Verwendungsspielraum zum vielseitig nutzbaren Kräuteranbau.

„Kräuterplantagen" auf Balkon und Fensterbrett

Viele Familien haben keinen Garten und möchten trotzdem auf frische selbstangebaute Würz- und Teekräuter nicht verzichten. In solchen Fällen können windgeschützte Balkone, Terrassen (Bild 22) oder Fensterbretter zu kleinen Kräuterplantagen umfunktioniert werden. Für ganzjährige Fensterkräutergärten eignen sich am besten helle Ost- und Westfenster und im Winter Südfensterfronten. Ideale Standorte für Kräuterkulturen bieten Wintergärten, die heute wieder gerne eingerichtet werden. Vielleicht sind Sie zunächst noch skeptisch, weil Sie in Ihrer stets ordentlichen Wohnung keine Luderwirtschaft haben möchten. Bleiben Sie unbesorgt, wenn Sie den Zimmerkräutergarten überlegt und mit viel Freude gestalten, können die grünenden Pflanzen in ansprechenden Gefäßen dekorativ, schmückend und belebend wirken. Dies erreichen wir besonders dann, wenn wir duftende Würzpflanzen mit unseren buntblühenden Topfpflanzen geschickt kombinieren.
Für die Fenster- und Balkon-Kräutergärten (Bild 23) eignen sich alle einjährigen Würzkräuter und die zweijährige Petersilie. Durch Samen vermehrt, wachsen Kresse, Senf, Kerbel, Borretsch, Dill, Basilikum, Majoran, Bohnenkraut und Portulak heran. Besonders attraktiv ist das blühende Würzkraut Kapuzinerkresse als Hänge- oder Kletterpflanze gezogen. Zweckmäßig säen wir das Jahr über diese schnellwachsenden Arten, wie Kresse, Kerbel, Dill und Portulak in Zeitabständen von mehreren Wochen in Folgesätzen aus. Mit Kräuter-Saatbändern, die inzwischen vom Handel angeboten werden, läßt sich die Aussaat wesentlich vereinfachen.

Bild 22. Kräuter-Topfkultur auf der Terrasse. Foto H. E. Laux

Selbstverständlich gehören zum Zimmer- und Balkonkräutergarten auch mehrjährige Kräuterarten. Am bekanntesten sind Zitronenmelisse, Dost, Rosmarin, Thymian, Ysop, Lavendel, Minzearten, Pimpinelle, Tripmadam, Weinraute, Salbei und Estragon. Selbst der starkwachsende Liebstöckel braucht nicht zu fehlen. Steht genügend Platz zur Verfügung, ergänzen wir das Sortiment mit Duftpelargonien, Zitronenstrauch und einem Lorbeerbaum.

Töpfe, Schalen, Ampeln und Balkonkästen (Bilder 22, 23) sind Gefäße für die Kräuter im Haus. Denken wir stets daran, daß wir vom Pflanzen bis zur Ernte den Pflanzenwurzeln in den Gefäßen nur wenig Raum sowie begrenzte Nährstoff- und Wasserversorgung zumuten. Soll der Erfolg nicht ausbleiben, müssen Pflanzung und Pflege so sorgfältig wie bei unseren Topfblumen geschehen.

Als Substrat ist entweder handelsübliche Fertig-Blumenerde oder eine eigene Mischung aus Kompost mit Sand- und Torfzugaben empfehlenswert. Vorteilhaft geben wir in die Erde Hornspäne als Vorratsdünger.

Alle Gefäße sollen ausreichend dräniert sein, um Schäden durch Vernässung vorzubeugen. In die Schalen, Kästen und Töpfe, die in jedem Falle am Boden Abzuglöcher haben sollen, gibt man Tonscherben und eine Schicht Sand oder Kies. Die Erde füllen wir nicht randvoll in die Kulturgefäße, sondern belassen einen etwa 1 cm breiten Gießrand.

Sind die Kräuter angewachsen, brauchen sie nach weiteren 3–4 Wochen zusätzliche, am besten flüssige Düngung. Entweder verwenden Sie dazu handelsübliche Mehrnährstoffdünger oder aus organischen Düngern bzw. Kräutern selbst angesetzte verdünnte Lösungen. Findige Kräutergärtner können ihre Kulturen mit

Bild 23. Kräuter im Balkonkasten. Foto Burda/Fi

selbstgebastelten Anlagen automatisch bewässern. Sobald es die Witterung erlaubt, dürfen die Kräuterkulturen auf das gesicherte Außenfensterbrett oder die Terrasse.

Für **Winterkulturen** im Haus werden im Herbst rechtzeitig die Zwei- und Einjährigen gesät. Petersilie bereits im Juli, Dill Ende September, Kerbel im Oktober ausreichend pikiert und eingepflanzt.

Die mehrjährigen Kräuterarten sollen zur Winterkultur mindestens einen Monat vor Frosteintritt in ihre Gefäße gepflanzt sein. Dabei sind die oberirdischen Teile um ein Drittel bis zur Hälfte einzukürzen. Die Töpfe stehen auf Untersetzern, Rinnen oder in zierenden Übertöpfen auf Kies oder zerkleinerten Tonscherben, damit überflüssiges Wasser gesammelt werden kann. Fensterstandorte direkt über Heizkörpern sind weniger günstig, weil die Luft im Winter zu trocken und häufig auch zu warm wird. Vorteilhaft für das Raumklima unserer Zimmerplantagen sind Temperaturen um 15 °C. Nachfolgend werden die wichtigsten Winterkulturen dargestellt.

Schnittkresse im Schnellverfahren. Das vielseitige Gewürzkraut Gartenkresse kann in Folgesätzen den ganzen Winter über ausgesät werden. Im Schnellverfahren steht sie uns gewöhnlich nach jeweils 2–3 Wochen frisch zur Verfügung. Wir verwenden dazu flache Kisten oder Schalen, z.B. gebrauchte Quarkschälchen und füllen diese einige Zentimeter hoch mit sandigem Erd-Torfgemisch. Für unser Schnellverfahren lassen wir den Kressesamen in warmem Wasser über Nacht vorquellen und säen das breiige Saatgut in einer dichten Schicht aus. Wünscht man später weniger leere, braune Samenschalen an den jungen Kressepflanzen, können die Aussaaten mit einer dünnen Sandschicht abgedeckt werden. Bereits am nächsten oder übernächsten Tag sind die Samen gekeimt und beginnen ihre zarten Triebe zu strecken. Abhängig von der Raumtemperatur braucht die Kresse in den Wintermonaten 14–20 Tage zu ihrer Entwicklung, im Sommer dagegen nur 8–10 Tage. Regelmäßige Nachsaaten liefern stets frische Kresse.

Unsere Kressekulturen brauchen wir nicht zu düngen. Die kleinen Kressesämlinge gedeihen allein durch die im Samenkorn gespeicherten Nährstoffe. Deshalb wächst Kresse sogar auf feuchtem Fließpapier oder steriler Watte. Zum Ernten wird die Kresse mit einer Haushaltsschere abgeschnitten.

Schnittlauch im Topf. Zu Beginn des Winters kann man Schnittlauch in Blumentöpfen auf den Wochenmärkten kaufen. Aber auch aus dem eigenen Garten können Schnittlauchpflanzen zum Treiben verwendet werden. Dazu nimmt man kräftige Schnittlauchstauden im zeitigen Herbst aus dem Boden und läßt sie abtrocknen, damit die Blätter abwelken und einziehen. Vorteilhaft besonders für die frühe Treiberei ist es, wenn die Schnittlauchklumpen durchfrieren. Bleibt die Herbstwitterung jedoch lange mild, kann man die Schnittlauchpflanzen auch durch ein 10-bis 12stündiges Wasserbad bei Temperaturen von ca. 40 °C stimulieren.

Die geputzten Schnittlauchklumpen werden mit etwas sandiger Erde nunmehr eingetopft und zum Treiben aufgestellt. Während der Treibdauer dürfen die Schnittlauchtöpfe nicht austrocknen. Deshalb stellen wir sie in Untersetzer, die wir stets mit Wasser gefüllt halten. Je wärmer die Schnittlauchtöpfe stehen, desto schneller treiben ihre feinen, röhrenförmigen Blätter aus. Nach dreimaligem Schnitt sind die Pflanzen meist erschöpft und müssen dann ersetzt werden. Selbstverständlich können wir die abgetragenen Schnittlauchpflanzen wieder auf die Gartenbeete zurückbringen.

Als Schnittlauchersatz kann man auch billiges Saatgut von Zwiebeln, Winterheckzwiebeln oder Porree in Kunststoffschalen, allerdings bereits im August, zur Aussaat bringen und zum Schnitt verwenden. Kleinere, bereits treibende Speisezwiebeln in Töpfe gepflanzt, bringen ebenfalls nach kurzer Treibzeit Schnittschlotten, die allerdings gröber in der Beschaffenheit und auch nicht so fein im Geschmack sind.

Weniger bekannt, Knoblauchgrün. Schnittschlotten von Knoblauch besitzen in feiner

Abstimmung den bekannten Knoblauchgeschmack. Sie lassen sich vielfältig, fast zu allen Gerichten, vor allem aber als Würze für Kräuterquark verwenden, ohne aufdringlich zu wirken. Knoblauchgrün gibt den Gerichten in dezenter Weise raffinierte Effekte, wie wir sie aus der französischen Küche kennen. Trotz allem blieb die Verwendung von Knoblauchgrün bei uns so gut wie unbekannt. Dabei ist die Treiberei im Winter und die Kultur im Garten denkbar einfach. Zur Treiberei in einem Blumentopf von 10–12 cm Durchmesser genügt eine große Knoblauchzwiebel. Man füllt den Topf randvoll mit sandiger Erde und steckt verteilt die einzelnen Knoblauchzehen, drückt leicht an und befeuchtet den Topf. Schon nach wenigen Tagen beginnt ein freudiger Austrieb und nach 1½ Wochen kann das Knoblauchgrün geschnitten werden.

Keimsprosse aus Schnellkulturen. Keimsprossensalate sind in asiatischen Ländern volkstümliche, beliebte Gerichte. In den USA werden sie als teure Besonderheiten in Feinschmeckerrestaurants angeboten, und auch in mitteleuropäischen Ländern finden Keimsprossen immer mehr begeisterte Konsumenten. Hier kennt man sie als Füllgemüse oder Frühlingsrollen, als Gemüsebeilage oder würzige Beimengungen zu Salaten.

Keimsprossen sind angekeimte Samen von Soja- und Mungobohnen, Linsen, Erbsen, Luzerne und Getreide. Aber auch verschiedene Kräuterarten werden geschätzt für selbständige Keimsprossensalate oder als würzende Zugaben, z.B. Gartenkresse, Senf, Sesam, Bockshornklee oder Sonnenblumen. Fertige Mischungen des Samenfachhandels sind in den Einzelmengen geschmacklich bereits abgestimmt.

Bekanntlich beginnt mit dem keimenden Samen der aktivste Lebensprozeß. Aus den Reserven werden Nähr- und Wirkstoffe mobilisiert und in besonders hochwertigen Formen verfügbar.

Saatgut für Keimsprossensalate, aber auch Keimschalen mit Gebrauchsanweisungen und Rezepten gibt es in Samengeschäften und Reformhäusern. Benötigt man größere Mengen an Keimsprossen, lohnt sich die Anschaffung eines Keimapparates. In diesen Bio-Snacks keimt das Saatgut unter optimalen Luft- und Feuchtigkeitsverhältnissen rasch und gleichmäßig (Bild 24). Geeigneter Platz zum Aufstellen der Keimschalen bietet sich vielfältig in geheizten Räumen an. Selbst bei völliger Dunkelheit vollzieht sich der Keimprozeß; allerdings sind in solchen Fällen niedrigere Vitamingehalte festgestellt worden.

Bild 24. Keimsprosse der Sojabohne enthalten besonders viel Eiweiß. Foto Dr. Jesse

Die Raumtemperatur sollte mindestens 15 °C betragen, 18–22 °C können als optimale Lufttemperatur bezeichnet werden. Schnelleres Keimen kann man erzielen, wenn die Samen zu Beginn in lauwarmem Wasser über Nacht anquellen können. Schon nach 3–4 Tagen sind die ersten brauchbaren Keime verfügbar, küchenfertig, ohne Putzaufwand eine ideale Ergänzung für den Winterspeiseplan. Frisch gekühlt, lassen sich die Keimsprossen auch tagelang halten oder auf Vorrat einfrieren.

Die Verfahren der Sprossenkultur sind inzwischen erprobt und bewährt, allerdings bei uns

noch wenig verbreitet. Nasi-Goreng oder Bami-Goreng, warum sollen wir diese bekömmlichen asiatischen Spezialitäten bei uns künftig nicht noch mehr und öfters genießen?
Zusammenfassend bleibt festzustellen, das „Gärteln mit Kräutern auf Fensterbrett, Terrasse und Balkon" ist zu einem beliebten Steckenpferd für Familien ohne Gärten in unseren Städten geworden.
Frische Kräuter das ganze Jahr stets griffbereit verfügbar, aus Kästen, Kübeln, Töpfen, Ampeln und Keimschalen ist auch hier das angestrebte Ziel der Freizeitgärtner. Wenn es zudem gelingt, die ansprechenden Anzucht-Gefäße geschickt zu arrangieren, können Kräuterkulturen den Wohnbereich nicht nur interessanter, sondern auch tatsächlich attraktiver gestalten.

Kräuterlehrgärten, Kräuterschulgärten, Kräuterlehrpfade

Kräuter lernen wir rasch und am sichersten kennen, wenn wir sie an ihrem Wuchsstandort erleben, also sehen, berühren, riechen und schmecken können.
Bei vielen Menschen ist die Erinnerung an Düfte besonders ausgeprägt; das kann beim Pflanzenbestimmen eine wesentliche Hilfe sein, vor allem für das Wiedererkennen. Durch Zerreiben der Blätter zwischen den Fingern läßt sich der Pflanzenduft schnell beurteilen.
Eigentlich sollte jedes Kräuterseminar an zentraler Stelle in Verbindung mit einem Kräuterlehrgarten durchgeführt werden können. Das Erlebnis mit den Pflanzen trägt nämlich wesentlich zur Vertiefung des Lernstoffes bei.
Kräuterlehrgärten sind übersichtlich, meist regelmäßig symmetrisch aufgebaut, mit klarer Gliederung durch Wegeführung, eingeteilt nach Pflanzenfamilien, Verwendungszwecken oder Pflanzengemeinschaften. Die Einzelpflanzen müssen einwandfrei und deutlich lesbar gekennzeichnet sein – möglichst mit botanischen und deutschen Namen –, auch die Pflanzengruppen sind durch Schilder ausreichend zu erklären. Der Kräutergarten muß nicht nur bei Führungen, sondern auch zum Selbststudium einzelner Besucher genügend aussagefähig sein.
Übersichten und Beschreibungen, selbst von kleineren Kräutergärten, werden von Besuchern dankbar angenommen.
Kräuterlehrgärten können sich kaum durch einzelne selbst finanzieren. Sie sind deshalb meist Einrichtungen der Länder, Landkreise und Gemeinden oder von Stiftungen, gärtnerischen Lehr- und Versuchsanstalten sowie Fachhochschulinstituten.
Kräuterlehrgärten entwickeln sich durch engagiertes Betreuungspersonal zu attraktiven Fortbildungseinrichtungen für Schulklassen und Erwachsenengruppen, insbesondere wenn es gelingt, durch zusätzliche Veranstaltungen die Aufmerksamkeit der Bevölkerung zu erreichen.
Die neu belebte Idee der Schulgärten zur verstärkten Naturerziehung der Jugend bietet auch berechtigte Chancen für Kräuterlehranlagen an unseren allgemeinbildenden Schulen. Als Teile oder selbständige Einrichtungen haben sie den großen Vorteil, daß sie in Ferienzeiten besser als Blumen- und Nutzgärten ohne oder mit nur geringer Betreuung zu überbrücken sind.
Mit Kräuterkulturen können neue Schulgärten vorteilhaft begonnen und stufenweise aufgebaut werden.
Kräuterschulgärten kennzeichnen ein interessantes breitgefächertes Pflanzenangebot für den erweiterten Naturkundeunterricht und praktischen Einsatz der Jugendlichen. Die Kräuter werden gemeinsam geerntet, teilweise auch aufbereitet, und zur Verwendung als Würzkraut oder Tee den Kindern mit nach Hause gegeben.
Kräuterschulgärten werden bevorzugt mit ausdauernden Kräutern angelegt. Bei ein- und zweijährigen Kräuterarten genügen Normal-Beetaussaaten. Schnelle Keimung, Wachsen, Blühen und baldiges Ernten, z.B. von Gartenkresse, Kerbel, Dill, Portulak und Kamille, überzeugen und wecken das Interesse der Kin-

Bild 25. Ein Kräuter-Steingarten mit Tripmadam (gelb) und Ysop (blau). Foto Dr. Seitz

der für Werden und Vergehen der Kräuter im Jahresverlauf und ihre Bedeutung als Nahrungs-, Würz- und Heilpflanzen.

Kräuterlehrpfade dienen der Erwachsenenfortbildung. Sie entstehen entlang von Wander- oder Parkwegen, städtischen Anlagen sowie in Kurorten, punktartig geschickt in das Gesamt-Parkkonzept eingebunden. Wesentlich ist dabei, daß die ausgewählten aromatischen Kräuter statt als Einzelpflanzen jeweils in quadratmetergroßen Flächen dargeboten werden. Auf diese Weise ist es möglich, daß man die Kräuter anfassen, riechen und schmecken kann. Wir bieten also Kräutergärten zum Anfassen an, bitten allerdings die Bevölkerung, unsere Pflanzen nicht durch undiszipliniertes Abpflücken oder Sammeln bis zur Bestandsgefährdung zu verstümmeln.

Wesentlich ist auch bei den Kräuterlehrpfaden die Etikettierung der einzelnen Kräuterarten und eine interessant gestaltete Beschilderung der Kräutergruppen. Dies gilt besonders für Kurparks, die vor allem Kräuterarten auswählen mit Heilanzeigen für Behandlungen des jeweiligen Kurortes. Bemüht, ihre Gesundheit zu erhalten oder Leiden zu lindern, sind Kurgäste interessiert, möglichst viele Pflanzen kennenzulernen, die ihnen helfen könnten.

Im Lande Hessen hat das Landesamt für Ernährung, Landwirtschaft und Landentwicklung alle Kurorte aufgerufen, solche Kräutergärten zum Anfassen und Kräuterlehrpfade einzurichten. Ferner wurden Vereine und Verbände mit dieser Initiative ermuntert, Kräuterlehrpfade und Demonstrationsanlagen

in Selbsthilfe auf vereinseigenem Grund und Boden zu erstellen oder Patenschaften zur Betreuung und Erhaltung vor Ort verantwortlich zu übernehmen.
Ergänzend sind auch die Kräuterwanderungen zur Erwachsenenbildung anzufügen. Von Frühjahr bis Herbst werden unter sachkundiger Führung die Kräuterlebensbereiche, Gärten, Feld, Wiese, Wald sowie Trocken- und Feuchtgebiete, durchwandert und dabei gemeinsam die Kräuterarten für Wildsalate und Teebereitung bestimmt.
Solche Kräuterwanderungen helfen mit, die schutzbedürftigen Pflanzen zu schonen, zur Erhaltung der Vielfalt unserer Landschaft.
Bei diesen Gelegenheiten erfahren die Teilnehmer, daß sie viele existenzgefährdete Pflanzenarten selbst in ihrem eigenen Kräutergarten anbauen können.

Bild 26. Lavendelhecke am Wegrand. Foto Dr. Seitz

Kräuter als Gestaltungselemente

Kräuter im Ziergarten

Unter den Heil- und Würzkräutern gibt es attraktive Pflanzenarten mit besonderer Wuchs-, Blüten- und Duftentfaltung. Als Gartengestalter wollen wir deshalb z.B. auf Lavendel, Thymian und Minzearten, Ysop, Dost, Waldmeister, aber auch auf Ringelblumen, Lein und Kapuzinerkresse im Wohngarten nicht verzichten.
Inzwischen sind aus diesen Kräuterarten Gar-

tenformen mit prächtigen Blüten und intensiver Farbausprägung bewußt gezüchtet worden. Dabei ist vielfach der Wildcharakter verloren gegangen. Auch wurden bei dieser Entwicklung in der Regel die wertgebenden Inhaltsstoffe vernachlässigt, so daß sich diese Pflanzen weniger zum Würzen und zur Teegewinnung eignen.
Erfreulich ist, daß in vielen Ziergärten Wildstaudenbeete angelegt werden mit echten Heil- und Würzpflanzen im Sortiment. In vollbesonnten Steingärten finden Thymian, Dost, Bergbohnenkraut, Lavendel, aber auch Salbei und Ysop (Bild 25), die in ihrer Heimat an steinigen Hängen wachsen, den richtigen Standort. Selbst zwischen den Steinen der Trockenmauer gedeihen Quendel und Tripmadam.

Bild 27. Weinraute eignet sich gut für streng geschnittene Hecken. Foto Dr. Seitz

Bevorzugt lassen wir aromatische Kräuter Wege und Steintreppen begleiten und pflanzen sie in die Nähe von Sitzplätzen, Fenstern und Terrassen, um uns möglichst oft an den angenehmen Düften zu erfreuen. Berühren wir die Blattdufter mit Händen, Füßen oder Kleidern, entfalten sie ihre Wohlgerüche. Als Randstauden für Wegbegleitungen empfehlen sich Eberraute, Indianernessel, Minzearten, Salbei oder Marienblatt.

Duftende Bodendecker und Kräuterrasen

Um manche schwierige Gartenflächen zu begrünen, eignen sich nur bodendeckende, niedrige Pflanzenarten. Besonders reizvoll sind in Wohnungsnähe duftende Bodendecker. Auf sonnigen Standorten und kargen Böden wäh-

len wir vorteilhaft niedrige Thymian- oder Origanoarten; dazwischen gestreut kleine Gruppen mit *Artemisia,* Eber- und Edelraute, Winterbohnenkraut, Schafgarbe oder Poleiminze.
Für schattige Standorte – auch unter lichten Bäumen – favorisieren wir Waldmeister, dessen zartes Laub beim Welken stark nach Cumarin duftet.
Echter Duftrasen darf nicht trittempfindlich sein; er wird bewußt betreten, um ihn zum Duften zu veranlassen. Zur Anlage von Duftrasen oder Duftpfaden erproben wir Römische Kamille (*Anthemis nobilis*), Feldthymian (*Thymus serpyllum*), kleinblättrige Pimpinelle (*Sanguisorba minor*) und die ausläuferbildende Poleiminze.
Ist der Boden nicht stark unkrautwüchsig, können die rasenbildenden Kräuter direkt an Ort und Stelle ausgesät und später flächendekkend verteilt werden. Sicherer ist eine getrennte Anzucht und späteres Auspflanzen in Abständen von 0,20 × 0,20 m. Frühjahrsaussaaten ermöglichen im allgemeinen bis zum Herbst geschlossene Duftteppiche. Der erste Schnitt sollte mit der Sense erfolgen; später können wir dann den Kräuterrasen mit dem Rasenmäher mit hochgestellten Messern schneiden.
Luftbäder im Duftrasen werden durch die belebende Wirkung der ätherischen Öle unserer Kräuter – in Verbindung mit der Einstrahlung der Sonne – zu heilkräftigen Erholungsmaßnahmen.

Kräuter für Hecken und Wegränder

Hecken sind schützende, gliedernde und ordnende Elemente in der Gartengestaltung. In den Kräutergärten können wir verschiedene Heil- und Würzpflanzenarten, die regelmäßigen Zuschnitt vertragen, verwenden.
Zum Umfrieden und Abgrenzen gegen andere Gartenteile verwenden wir **Kräuterhecken** aus höher wachsenden Arten, z. B. Weinraute, Eberraute und Zypressenkraut (*Santolina chamaecyparissus*), auch Lavendel und Ysop; zur Gliederung des Gartens und als Beeteinfassung nehmen wir Echten und Zitronen-Thymian sowie Bergbohnenkraut, im Küchenkräutergarten auch Schnittlauch und Petersilie. Für streng ornamentale Kräutergärten werden neben Heiligenkraut und *Artemisia*-Arten auch Edelgamander und Buchs als Hekkenpflanzen empfohlen.
Am verbreitetsten sind dichte Kräuterhecken aus echtem Lavendel, die Höhen bis zu 1 m erreichen (Bild 26). Der Heckenschnitt erfolgt jährlich nach dem Abernten der Blüten. Die immergrünen, wüchsigen Kräuterhecken der Weinraute müssen dagegen mindestens dreimal in jedem Jahr geschnitten werden, damit sie dicht und ansehnlich bleiben (Bild 27). Zypressenkraut mit seinem silbergrauen Blattwerk bildet bis 60 cm hohe Hecken. Hier sind Schnitte im Früh- und Spätsommer nötig. Aus Rosmarin entstehen an geschützten Standorten lockere Hecken, die noch vor der Blüte zu schneiden sind. Dekorative, winterharte Kräuterhecken lassen sich mit Ysop erzielen. Eberrautenhecken verlieren in strengen Wintern zuweilen ihre Blätter, die allerdings im Frühjahr bald wieder nachgebildet werden.
Insgesamt gilt für die Erzielung von Kräuterhecken, daß der letzte Schnitt im Nachsommer erfolgen soll, damit die Neutriebe noch genügend ausreifen und im Winter nicht zurückfrieren.

Kräuterarten für Bonsai-Kulturen

Bonsai ist die japanische Kunst, Pflanzen auf kleinem und kleinstem Raum zu erzielen. Bonsai-Kulturen in Schalen oder ausgehöhlten Kalksteinen können ein sehr hohes Alter erreichen. Bonsai, neuerdings auch Zimmer-

Bonsai, ist auch in Mitteleuropa eine begehrte Liebhaberei geworden. Voraussetzung für das Gelingen der Bonsai-Kulturen ist das harmonische Zusammenwirken von Standort, Gefäß, Pflanze und Pflege.
Unsere ersten Versuche, auch Kräuterarten nach der Bonsaimethode zu erziehen, sind eigentlich recht erfolgversprechend. Selbstverständlich konnten nur verholzende Arten berücksichtigt werden (Bild 28), nämlich Thymian, Ysop, Lavendel, Santoline und Myrte. Vorteilhaft beginnt man die Kulturen mit Einzelpflanzen aus älteren Beständen des Kräutergartens, wählt bereits knorrig wachsende Exemplare aus, pflanzt diese in die bekannten Bonsai-Schalen, und kultiviert nach den üblichen Empfehlungen auf der Terrasse, dem Balkon oder Fensterbrett. Ysop und Thymian mit skurrilen Stämmen wirken wie knorrige Weiden oder Ölbäume südlicher Länder im Kleinformat (Bild 28).
Kräuter-Bonsais gelten deshalb als besonders vorteilhaft, weil das beim öfteren Stutzen anfallende Schnittgrün in der Küche vielseitig verwertet werden kann.
Sicherlich sind in absehbarer Zeit Kräuter-Bonsais auch im Handel erhältlich. Bonsai- und Kräuterfreunde können eigentlich sofort mit Experimentieren auf diesem Neuland beginnen, und nach eigenen Erfahrungen selbst interessante Kräuter-Bonsais heranziehen.

Bild 28. Ysop als Bonsai. Foto Dr. Seitz

Kulturarbeiten im Kräutergarten

Ein Platz in vollsonniger Lage ist der richtige Standort für unseren Kräutergarten. Haben wir ihn dementsprechend ausgewählt und einen Gartenplan erstellt, können wir die notwendigen Vorbereitungen für die Neuanlage treffen.

Bodenvorbereitung

Hier gilt es vor allem, den Boden so vorzubereiten, daß sich in ihm ein reiches Bodenleben entwickelt als Voraussetzung für ein gutes Gedeihen der Pflanzen.
Tonige, schwere, undurchlässige Böden erhalten reichlich Sand, verrotteten Stallmist oder Kompost. Reine, stark durchlässige Sandböden werden durch Lehmzugaben und verrotteten Stallmist oder Kompost verbessert, so daß sie wasserhaltefähiger werden.
Eine Bodenprobe gibt Auskunft über den Nährstoffgehalt (Kalium, Phosphorsäure, Magnesium) und über den pH-Wert. Nach den mitgelieferten Empfehlungen der Bodenuntersuchungsstelle werden schließlich noch die erforderlichen Kalkgaben ausgebracht.
Der pH-Wert für unsere Kräuterkulturen sollte je nach Bodenart (Sandboden → lehmiger Sand → sandiger Lehm → Lehm) zwischen 5,5 und 6,5 liegen.
Die Bodenzugaben sind zu verteilen und in die obere Schicht einzuarbeiten. Liegen diese Vorbereitungen in den Sommermonaten, haben wir noch Zeit bis zum Herbst für eine Gründüngungseinsaat, z. B. mit Senf.
Die Bepflanzung des Kräutergartens erfolgt vorteilhaft im Frühjahr. Stehen aber mehrjährige Pflanzen schon im Herbst zur Verfügung, erhalten diese bereits ihren Standplatz, und die übrige Fläche wird bis zum Frühjahr mit einer kräftigen Schicht organischen Mulchmaterials bedeckt.

Pflanzenbeschaffung und Selbstanzucht

Von den meisten mehrjährigen Kräuterarten brauchen wir für unseren Selbstversorger-Kräutergarten jeweils nur ein oder mehrere Exemplare. Eigene umständliche Anzucht lohnt sich für solche Fälle nicht. Von ortsansässigen Gärtnereien oder Spezial-Staudenbetrieben und Garten-Baumschulen werden die bekannten Kräuterarten zu den Pflanzzeiten ausreichend sortiert angeboten.
Aussaat. Einjährige und zweijährige Kräuter säen wir direkt im Frühjahr auf die vorgesehene Fläche des Kräutergartens, oder wir kultivieren die Jungpflanzen im Gewächshaus, Frühbeetkasten oder am Zimmerfenster in Saatschalen und Kästen vor.
Ein empfehlenswertes einfaches Anzuchtverfahren bietet das Kleingewächshaus auf dem Fensterbrett, mit Preßtöpfen, gleichermaßen geeignet für Aussaaten und Stecklinge (Bild 29). Im Wasser quellen die Preßtöpfe auf und sind in wenigen Minuten verwendungsfähig. Die glasklare Haube ist lüftbar, zum späteren Abhärten der Pflanzen.
Nach dem Durchwurzeln der Topfballen kann in größere Gefäße umgetopft oder in den Kräutergarten gepflanzt werden. Für die Zimmergärtnerei können die Kräuter in diesem Kleingewächshaus bis zur Ernte bleiben, wenn wir sie alle 2 Wochen fleißig düngen.
Beim Aussäen gilt die Regel, daß wir nur mit dem Zwei- bis Dreifachen seiner Dicke den Samen mit Boden, besser mit feinem Sand, abdecken sollen. Lichtkeimer sät man vorteilhaft auch in Rillen, braust aber den Samen nur vorsichtig in den Boden ein.
Für verschiedene Pflanzenarten gibt es im Samenhandel Pillensaatgut, um die Aussaat zu erleichtern. Auch werden Saatbänder und Saatteppiche mit verschiedenen Kräuterkombinationen angeboten, die besonders für Anfänger die Aussaat narrensicher machen.
Um die direkt gesäten Kräuterkulturen und auch die mehrjährigen Pflanzen zu verfrühen, damit möglichst bald frisches Grün geschnitten werden kann, legen wir gelochte Flachfolie oder Vliese über unsere Kräuterbeete. Dadurch erwärmt sich der Boden schneller und veranlaßt beschleunigt Keimung bzw. Austrieb. Vorsicht! Denken wir stets daran, daß unter Folien und Vliesen auch die Nacktschnecken früher erscheinen und die junge

sprießende Saat vollständig vernichten können.
Streuen wir also rechtzeitig unbedenkliche Schneckenmittel aus oder stellen Schneckenfallen unter die Folien- oder Vliesdecke.

Vegetative Vermehrung. Sind bereits verschiedene ausdauernde Kräuterarten im Garten vorhanden, kann der erfahrene Kräutergärtner auch selbst vermehren. Am einfachsten ist dabei die Teilung der mehrtriebigen Wurzelstöcke mit dem Spaten. Sicherer und ergiebiger sind Teilungen, wenn wir die Wurzelballen im Frühjahr aus dem Boden nehmen, die Triebknospen freilegen, mit einem großen Sägemesser Teilstücke mit Wurzeln und Knospen abschneiden und möglichst sofort wieder pflanzen.

Auch durch Stecklinge lassen sich mehrjährige Kräuterarten vermehren, z.B. Eberraute, Thymianarten, Bergbohnenkraut, Zitronenmelisse und Zitronenstrauch, Rosmarin, Weinraute, Lavendel und Würz-Pelargonien. Am sichersten bewurzeln Kopfstecklinge; das sind etwa 5 cm lange Triebendstücke, die direkt unterhalb des Blattansatzes glatt geschnitten werden. Die Anwendung von Bewurzelungshormonen ist bei der Kräutervermehrung nicht erforderlich, wenn wir sofort nach dem Stecken die Schalen, Kisten oder Kunststoffplatten mit transparenter Folie umspannen. Dadurch entsteht im verbleibenden Luftzwischenraum ein Kleinklima mit gleichmäßig hoher Luftfeuchtigkeit und allen Bedingungen für eine schnelle Bewurzelung.

Nach erfolgter Wurzelbildung wird das Vermehrungsmaterial vorsichtig an den freien Stand gewöhnt, also abgehärtet, pikiert, getopft oder direkt in den Kräutergarten gepflanzt.

Bild 29. Selbstanzucht von Kräutern im Kleinstgewächshaus. Foto Dr. Seitz

Düngung, Pflanzenernährung, Pflanzenschutz

Ist der Boden nach dem Untersuchungsbefund hinreichend mit den Hauptnährstoffen versorgt oder seit Jahren in gutem Kulturzustand, können wir auf mineralische Düngung weitgehend verzichten, denn schon geringe Überdosierung kann die Pflanzen stark zum Treiben bringen und sie in der Regel weniger aromatisch und geringwertiger machen. Im allgemeinen genügt für die Nährstoffversorgung eine kräftige Gabe Kompost oder verrotteter Stallmist. Läßt die Triebigkeit stark nach und wird die Blattfarbe hellgrün, zeigt dies unzureichende Stickstoffversorgung an. In diesem Falle empfehlen wir zusätzliche Gaben von Hornspänen, Blutmehl oder anderen organischen Düngern. Schnell wirksam sind flüssige Dünger aus Brühe-Ansätzen mit Kräutern (Bild 30) und organischen Düngemitteln, z.B. Hornspäne oder Stallmist.

Selbstverständlich ist die Pflanzenernährung auch von ausreichender Wasserversorgung

Bild 30. Zur Herstellung von Kräuterbrühe wurde dieser Kübel im Boden vergraben. Foto Dr. Seitz

abhängig. Deshalb wird empfohlen, den Boden im Kräutergarten mit organischen Materialien zu mulchen; Flächenmulch wirkt wassersparend und fördert ein ungestörtes Bodenleben.
Zum Pflanzenschutz bleibt festzustellen, daß im allgemeinen keine chemischen Behandlungen erforderlich sind. Unsere Kräuter, weitgehend noch mit Wildcharakter, sind beachtlich widerstandsfähig gegen Krankheiten. Auch richtige Standortwahl und Zusammenstellung der Kräuterarten zu Pflanzengruppen, aus denen in der Folge echte Lebensgemeinschaften erwachsen, beugen Krankheitsbefall vor.
Für die Kräutergärten empfehlen wir überwiegend mechanische Pflanzenschutzmaßnahmen. So führt stärkerer Rückschnitt rost- und mehltaubefallener Minze und Melissen zu gesundem Neutrieb. Auch Entfernen der Schnecken und Raupen durch Absammeln und Vernichten sowie Aufstellen von Fallen zum Fangen von Schnecken oder Wühlmäusen sind zu nennen. Nimmt die Blattlausplage allerdings ungewöhnliche Ausmaße an, beispielsweise in einer Dillkultur, helfen wir uns mit Spritzpräparaten, die für Mensch und Haustier unbedenklich sind.
Für alternative Nutz-Kräutergärten sind die bekannten unterstützenden Spritzmaßnahmen, nämlich mit Schachtelhalmtee gegen Pilzerkrankungen, Brennesselbrühe gegen Blattläuse und Wermuttee gegen Erdflöhe, allgemein üblich.

Kräuter für die Pflanzengesundheit

Zu jedem Kräutergarten gehört eigentlich eine Kräutertonne, um Kräuterabfälle zu sammeln und in Wasser anzusetzen für Kräuterbrühen und Kräuterjauchen.
Die bekanntesten Kräuter für gezielte Pflanzenschutz- und Düngungsmaßnahmen im alternativen Gartenbau sind Brennessel, Schachtelhalm, Beinwell, Rainfarn und Wermut. Zur Herstellung von Pflanzenauszügen lassen sich selbstverständlich auch viele andere

Arten z. B. Ysop, Majoran, Minzen und Kamille verwenden. Wir unterscheiden Kräuterkaltwasserauszüge, -tee, -brühen und -jauchen.
Für Kräuterauszüge zum Pflanzenschutz werden in Bottichen, Fässern oder Eimern je 1 kg Grünmasse z. B. von Brennesseln oder Beinwell, handlang geschnitten in 10 Liter Wasser, am besten Regenwasser, angesetzt. Nach 12–24 Stunden, spätestens nach drei Tagen ist der Brennesselauszug spritzfertig und kann unverdünnt z. B. zur Bekämpfung von Blattläusen eingesetzt werden.
Gären die Kräuterauszüge, bei warmem Wetter beginnt der Gärungsprozeß nach wenigen Tagen und ist nach 1½–2 Wochen beendet, gewinnen wir Kräuterjauchen zur flüssigen Düngung. Öfters Umrühren wird empfohlen, und zum Binden des Jauchegeruches sollte jeweils vor dem Rühren eine Handvoll Steinmehl zugesetzt werden. Vor Gebrauch sind die Kräuterjauchen im Verhältnis 1:10 mit Wasser zu verdünnen.
Kräutertee zur Pflanzenstärkung wird hier durch Überbrühen von frischen oder getrockneten Kräutern z. B. Schachtelhalm, Beinwell, Kamille, Löwenzahn oder Wermut, mit kochendem Wasser hergestellt.
Kräuterbrühen, gegen verschiedene Pflanzenkrankheiten z. B. Mehltau und Rost, entstehen ebenfalls aus frischen oder getrockneten Nutz- oder Wildkräutern, die 24 Stunden lang in Wasser angesetzt, danach 20 Minuten auf kleiner Flamme gekocht, zugedeckt abgekühlt, gesiebt Anwendung finden. Bekannte Kräuterbrühen sind Schachtelhalm- oder Rainfarn-Absude, angesetzt mit 10 Liter Wasser für 300–500 g frische Pflanzenmasse.
Vorsicht, nicht abgedeckte Behälter mit Kräuterjauchen sind Gefahren für spielende Kinder und Nutztiere!
Kräuterreste, auch nach der Vergärung, können sinnvoll zur Bodenbedeckung (Mulchen!) oder als Beigabe zur Kompostbereitung dienen.
Ergänzend sei vermerkt, daß in Kräuterjauchen und -brühen inzwischen auch verstärkt Abfallpapier und -pappe eingeweicht werden, zur anschließenden einwandfreien Kompostierung.

Umpflanzen, Schnitt, Winterschutz

Sind die Kräuterbestände zu dicht geworden oder läßt der Wuchs außerordentlich nach, können wir Umpflanzen, d. h. verschiedene Pflanzenarten gegeneinander auswechseln und dabei eventuell die Wurzelstöcke teilen und den Boden verbessern.
Problemlos ist der Rückschnitt ausdauernder Kräuter. Sind sie besonders sperrig gewachsen, regulieren wir bereits im Vorwinter. Der eigentliche Schnitt abgestorbener Pflanzenteile erfolgt im allgemeinen im Frühjahr, wenn der Austrieb beginnt, bis in das gesunde Holz. Um Sträucher im Zaum zu halten, sind zuweilen Auslichtungen und stärkere Rückschnitte notwendig.
Unseren Kräutergärten geben wir zweckmäßig Winterschutz durch Abdecken mit Fichtenzweigen. Trotzdem müssen in rauheren Gebieten verschiedene Kräuterarten, z. B. Rosmarin und Würz-Pelargonien, aus dem Boden genommen und im Haus überwintert werden. Gleiches gilt für die fremdländischen Pflanzenarten Lorbeerbaum, Myrte und Zitronenstrauch.
Die Überwinterung erfolgt vorteilhaft in einem frostfreien möglichst hellen Raum, am besten im Wintergarten oder Treppenaufgang. Während der winterlichen Ruhezeit sind die Lebensvorgänge dieser Pflanzen stark eingeschränkt. Deshalb brauchen wir nicht zu düngen und nur sparsam zu gießen.

Die wichtigsten Arznei-, Aroma- und Würzpflanzen

Die Pflanzen unserer Nutz-Kräutergärten sind vielfach Arznei-, Duft- und Würzpflanzen zugleich. Die gruppenweise Einteilung erfolgt deshalb nur nach ein- und zweijährigen, zwiebelartigen und mehrjährigen Kräutern. Bewußt wurden keine giftigen Arzneipflanzen in unser Kräutergartenprogramm aufgenommen. Kräuterarten mit der Bezeichnung × gehören zum Standardprogramm; die übrigen – mit ○ gekennzeichneten – gelten als wertvolle Ergänzungskräuter.

Einjährige Arten

○ **Anis** (*Pimpinélla anísum*), Doldengewächse; Wuchshöhe bis 0,80 m

Merkmale: (Heimat: Mittelmeerländer) Samendroge, weißblühend im Juli/August. Ganze Pflanze riecht süß-würzig, typisch nach Anis.

Kultur: Sonnige, warme Standorte, durchlässige Böden. Aussaat ab April in Reihen mit 0,30 m Abständen. Keimzeit = 3–4 Wochen.

Verwendung: Feines Kraut für Gemüse, Salate, Quark; Samen für Backwaren, Tee, Likörbereitung.

Heilanzeigen: Appetitanregend, verdauungsfördernd, blähungstreibend, krampflösend, schleimlösend bei Husten.

× **Basilikum** (*Ócimum basílicum*), Lippenblütler; bis 0,60 m

Merkmale: (Heimat: Ursprünglich Vorderindien, über Mittelmeerländer nach Mitteleuropa) Zu unterscheiden sind groß- und kleinblättrige Arten, ferner Zitronen-Basilikum sowie gekrauste und rotblättrige Formen. Kraut duftet intensiv würzig (Bild 31).

Kultur: Besonders wärmebedürftig; Aussaat erst ab Mai, Lichtkeimer! Vorteilhaft sind warme, humose Böden; im Sommer genügend Wasser erforderlich, Satzweise nachsäen.

Verwendung: Blätter und junge Triebe zum Würzen, nicht mitkochen.

Heilanzeigen: Tee gegen Erkältungen der Luftwege, Verdauungsorgane, Niere.

× **Bohnenkraut** (*Saturéja horténsis*), Lippenblütler; bis 0,40 m

Merkmale: (Heimat: Mittelmeergebiet) Kraut riecht stark würzig und schmeckt beißend pfeffrig; Blüte: Juli – Oktober, weiß, rosa oder lila blühend.

Bild 31. Basilikum. Foto Dr. Seitz

Bild 32. Borretsch. Foto Dr. Seitz

Kultur: Am besten leichte Böden und warme Standorte. Aussaat ab April mit Folienschutz, ab Mai ins Freiland mit mehreren Anbausätzen. Lichtkeimer; verträgt im Sommer auch Trockenperioden.

Verwendung: Kräftiges Würzkraut, auch wenn getrocknet; stets mitkochen, für Bohnengerichte, Fleischspeisen, zu Kartoffeln, Salzgurken, Tee, Badezusatz.

Heilanzeigen: Magenstärkend, krampfstillend, anregend und belebend. Tee wirkt schleimlösend.

× **Borretsch** (*Borágo officinális*), Rauhblattgewächse; 0,50–0,80 m

Merkmale: (Heimat: Orient) Saftige Stengel, borsthaarige Blätter, lockere Blütenstände ab Juni, anfangs rosa, später leuchtend blaue Blüten (Bild 32)

Kultur: Liebt nährstoffreiche, kalkhaltige Böden, braucht viel Platz. Aussaat ab April, selbstvermehrend.

Verwendung: Als frisches Gewürzkraut für Gurken, Salate, Soßen, Fisch, Eier und Kartoffeln, Quark. Borretschblätter für Blatt- und Fruchtsalate, Säfte, Apfelwein und Bier.

Heilanzeigen: Frischkraut und Tee wirken blutreinigend, schweißtreibend, nervenberuhigend und sind diätgeeignet.

○ **Brunnenkresse** (*Nastúrtium officinále*), Kreuzblütler; bis 0,25 m

Merkmale: Einheimisch, bis 0,80 m lange hohle Triebe, teilweise aus dem Wasser ragend, weiße Blütentrauben in der Zeit von Mai bis September, vitaminreiches Kraut.

Kultur: Flache Bäche, feuchte Böden, unter Folie, Schlammbecken. Aussaat in Kistchen im Juni, Pflanzung im August, Ernte: Oktober – Mai.

Verwendung: Frische, 10 cm lange Triebe intensiv wachsend, für Salate, Würzkraut, Preßsaft.

Heilanzeigen: Blutreinigend (Frühjahrskur) stoffwechselanregend, wassertreibend, bei Verschleimung der Atemwege, Hautleiden, Rheuma.

× **Dill** (*Anéthum gravéolens*), Doldenblütler; bis 1,20 m

Merkmale: (Heimat: Vorderasien) Intensiver Duft und Eigengeschmack, Samen schmeckt kümmelartig.

Kultur: Warme Standorte, Aussaat ab April unter Folie mit mehreren Folgesätzen. Blüte ab Juli, Ernte ab Mai, zum Trocknen vor der Blüte ernten.

Verwendung: Vielseitiges Würzkraut für Salate, Essig, Früchte, Tomaten, Quark, Fischgerichte, Rohkost, Dillsuppe; läßt sich einfrieren, nicht mitkochen!

Heilanzeigen: Appetitanregend und magenstärkend, krampflösend. Diätgeeignet. Tee – nervenberuhigend.

× **Gartenkresse** (*Lepídium satívum*), Kreuzblütler; bis 0,50 m

Merkmale: (Heimat: Vorderer Orient) Schnellwüchsiges Würzkraut, rettichartig scharfer Geschmack, breitblättrige Sorten ertragreicher; Lichtkeimer!

Kultur: Bescheiden an Klima und Boden; gleichmäßige Feuchtigkeit, Folgesätze nach 3–4 Wochen, schlechte Vorfrucht!
Aussaat auch im Zimmer in Schalen; Kulturzeit: 3–4 Wochen.

Verwendung: Frisch, vielseitiges Würzkraut zu Salaten, Rohkost, Wurst, kaltem Fleisch, Quark, Eiern, Kartoffeln und auf Butterbrot.

Heilanzeigen: Appetitanregend, blutreinigend, harntreibend, kräftigend.

× **Kamille** (*Matricária chamomílla*), Korbblütler; bis 0,50 m

Merkmale: (Heimat: Europa) Bekannteste einheimische Heilpflanze mit typischem Geruch, erkennbar an hohlem Blütenboden und zartfiederigen Blättern.

Kultur: Bescheidene Ansprüche, sonnige Standorte bevorzugt. Aussaat in Reihen, auch zwischen Gemüsekulturen.

Verwendung: Blüten und Kraut für Tee, Bäder, zum Gurgeln, Haustee.

Heilanzeigen: Magen- und Darmerkrankungen, Erkältungen; Hausmittel bei Zahnschmerzen.

× **Kapuzinerkresse** (*Tropāeolum május*), Kapuzinerkressengewächse; bis 0,30 m

Merkmale: (Heimat: Peru) Reichblühende, kriechende Würzpflanze, würziger Geschmack wie Gartenkresse.

Kultur: Frostempfindlich; Aussaat ab Ende April oder Vorkultur ab Anfang April, Auspflanzen nach den Eisheiligen.

Verwendung: Frische Blätter, auch Blüten und Knospen für Salate, Rohkost, Brotbelag, wie andere Kressearten, Knospen als Kapernersatz!

Heilanzeigen: Antibiotisch, appetitanregend, verdauungsfördernd.

× **Kerbel** (*Anthríscus cerefólium*), Doldenblütler; bis 0,70 m

Merkmale: (Heimat: Südeuropa) Schnellwachsendes, stark aromatisches, süßlich-anisartig schmeckendes Würzkraut mit weißen Blüten.

Kultur: Ansprüche bescheiden, jedoch genügend Bodenfeuchte, sonst frühe Blüte, nicht kälteempfindlich; nach 6 Wochen erntereif.
Direktsaat, nicht verpflanzen. Aussaat ab März mit Folgesätzen; sät sich im Garten auch selbst aus.

Verwendung: Frisches Kraut, seltener getrocknet, für Frühlings- und Kräutersuppen, Kräuterbutter, zu Tomaten, Käse und Rohkost.

Heilanzeigen: Appetitanregend, blutreinigend, stoffwechselfördernd, harntreibend.

○ **Koriander** (*Coriándrum satívum*), Doldenblütler; bis 0,70 m

Merkmale: (Heimat: Mittelmeerländer) Samengewürz, Blätter fein gefiedert, unangenehm riechend (Wanzenkraut). Blüte: weißrosa im Juni/Juli. (Bild 33).

Verwendung: Samenkörner; ernten vor der Vollreife, frühmorgens, wenn noch taufrisch; Lebkuchen-, Einmachgewürz; junges Kraut in Rußland als Gemüse empfohlen.

Heilanzeigen: Appetitanregend, lindernd bei Magen- und Darmleiden.

○ **Lein** (*Línum usitatíssimum*), Leingewächse; bis 1,00 m

Merkmale: (Heimat: Mittelmeerraum) Aufrechtwachsend mit hohen dünnen Stengeln; prächtig blau blühend im Juli/August (Bild 34). Kugelförmige, erbsengroße Samenkapseln.

Kultur: Aussaat direkt ins Freiland ab März.

Verwendung: Samen.

Bild 33. Koriander. Foto Dr. Seitz

Bild 34. Lein. Foto Dr. Seitz

Heilanzeigen: Leinsamen sind ölhaltig. Verwendung bei Verstopfung, Magen- und Darmerkrankungen, äußerlich bei Hautkrankheiten und Rheuma.

× **Majoran** (*Oríganum majorána*), Lippenblütler; bis 0,50 m

Merkmale: (Heimat: Mittelmeerländer) Stark verästelt wüchsig, aromatisch-würzig schmeckend, mit kleinen Blättchen; Blüten an den Triebspitzen; blühend ab Juni bis September.

Kultur: Warme Standorte, leichtere durchlässige Böden. Aussaat ab Mai oder mit Vorkultur ab März; Ernte vor der Blüte.

Verwendung: Frisches Kraut gerebbelt zu deftigen Gerichten, erst gegen Ende der Garzeit zufügen, empfohlen für Schweinefleisch, Wurst, Kartoffeln, Rohkost.

Heilanzeigen: Magenfreundlich, appetitanregend, verdauungsfördernd, blutdrucksenkend, schleimlösend bei Erkältungen, nervenberuhigend.

○ **Paprika, Peperoni** (*Cápsicum ánnuum*), Nachtschattengewächse; bis 0,50 m

Merkmale: (Heimat: Süd- und Mittelamerika) Bekannte Gemüse- und Würzpflanze, Früchte grün, gelb, orange oder rot. Besonders Peperoni scharf würzig, hohe Gehalte an Vitamin C und A.

Kultur: Viel Wärme, ab März für Vorkultur aussäen, auspflanzen nach dem 20. Mai an geschützter Stelle, auch unter Glas und Folie; nährstoffreiche Böden mit ausreichender Feuchtigkeit.

Verwendung: Früchte ab August als Gemüse und Würze zu Fleisch (Gulasch), Suppen und pikanten Soßen; Peperoni auch zum Trocknen auf Fäden ziehen.

Heilanzeigen: Appetitanregend, stoffwechsel- und kreislauffördernd.

○ **Portulak** (*Portuláca olerácea*), Portulakgewächse; bis 0,30 m

Merkmale: (Heimat: Vorderasien) Schnellwachsende, kriechende Pflanze mit fleischigen Blättern und gelben Blüten.

Kultur: Warme Standorte, durchlässige Böden, mehrere Folgesaaten ab Mai; die sehr feinen Samen nicht mit Erde bedecken, nur anbrausen; nach 4 Wochen erntereif.

Verwendung: Kraut schmeckt angenehm erfrischend; Rohkost, Zusatz für Salate, Spinatgemüse, Frühlingssuppen, Kräutersoßen, Quark, Diätkost.

Heilanzeigen: Blutreinigend, magenstärkend, harntreibend, leicht abführend.

× **Ringelblume** (*Caléndula officinális*), Korbblütler; bis 0,50 m

Merkmale: (Heimat: Südeuropa, Asien) Orange- oder gelbfarbene Strahlenblüten, uralte Heilpflanze – riecht streng würzig.

Kultur: Ansprüche gering, Aussaat an Ort und Stelle ab März, sät sich auch selbst aus.

Verwendung: Blüten und ganz junge Blättchen als Würze zu Salaten, getrocknet zu Tee.

Heilanzeigen: Tee bei Leber- und Gallenblasenleiden, Gelbsucht, Nervosität. Äußere Anwendung als Salbe bei eiternden Wunden, Sonnenbrand, Geschwüren.

○ **Senf** (*Sinápis álba*), Kreuzblütler; bis 1,20 m

Merkmale: (Heimat: Mittelmeergebiet) Schnellwüchsig, mit rauhbehaarten Blättern, gelbe Blüten ab Juni.

Kultur: Geringe Ansprüche; Trockenheit führt zu früher Blüte.

Verwendung: Junge Triebe und Blätter wie Kresse, Samen zum Einlegen von Sauergemüse, Senfherstellung.

Heilanzeigen: Appetitanregend, verdauungsfördernd, harntreibend.

Zweijährige Arten

○ **Barbarakraut** (*Barbárea vulgáris*), Kreuzblütler; am Boden liegend.
Merkmale: (Heimat: Europa) Im ersten Jahr rosettenbildend, mit satten, dicken gefiederten Blättern; im zweiten Jahr bereits ab April Blütenstiele.

Kultur: Liebt feuchte lehmhaltige Böden, auch auf halbschattigen Standorten; Aussaat Frühjahr oder Herbst.

Verwendung: Scharfwürzige Blätter für eigene pikante, kresseartige Salate oder als Zugabe zu frischen Salaten, auch gedünsteten Salatgemüsen.

Heilanzeigen: Appetitanregend, blutreinigend, harntreibend, wundheilend.

○ **Eiskraut** (*Mesembryánthemum crystállinum*), Mittagsblumengewächse; kriechend.
Merkmale: (Heimat: Südafrika) Starkverzweigte, fleischige Triebe, weiße bis rosa gefüllte, margaritenähnliche Blüte, die sich nur zur Mittagszeit öffnet.

Kultur: Warme Standorte, Direktaussaat oder Stecklingsvermehrung; Winterschutz erforderlich.

Verwendung: Triebspitzen und Blättchen als vitaminreiche Würze zugeben für Salate.

Heilanzeigen: Blutreinigend, appetitanregend.

○ **Engelwurz** (*Angélica archangélica*), Doldenblütler; bis 2,50 m
Merkmale: (Heimat: Nordeuropa, Sibirien) Hohle kräftige Stengel mit hellgrünen, verschiedenartig gefiederten Blättern und bauschigen Blattscheiden; grünlichweiße Blüten im Juli/August (Bild 35), duften nach Honig. Pflanze riecht kräftig würzig, stirbt nach der Blüte ab.

Kultur: Braucht nahrhafte Böden, feuchte, auch halbschattige Lagen, genügend Standraum.

Verwendung: Frische Blätter und Blattstiele zum Würzen von Soßen, Suppen, Salaten; Wurzeln zu Kräuterwein. Wurzelernte im Spätherbst.

Heilanzeigen: Appetitanregend, schweißtreibend, nervenberuhigend, gegen Asthma, bei Rekonvaleszenz.

○ **Kreuzkümmel** (*Cumínum cymínum*), Doldenblütler; (Kulturansprüche wie Kümmel, liebt warme Standorte)

Verwendung: Scharfaromatischer Samen als Käsegewürz und zur Likörherstellung.

Heilanzeigen: Bei Blähungen und Appetitlosigkeit.

○ **Kümmel** (*Cárum cárvi*), Doldenblütler; 1,20 m hohe Blütenstengel
Merkmale: (Heimat: Europa) Urgewürz, im ersten Jahr Bildung möhrenartiger Wurzeln und Blattrosette, Blätter zart gefiedert, Blütenbildung von Mai bis Juni des zweiten Jahres. Kümmel ist nicht frostempfindlich.

Bild 35. Engelwurz. Foto M. F. Wetterwald

Bild 36. Löffelkraut. Foto M. F. Wetterwald

Kultur: Tiefgründige, feuchte Böden sind vorteilhaft, auch feuchtes Klima. Kümmel verträgt sich schlecht mit Fenchel als Nachbar. Aussaat: April oder Spätsommer, Lichtkeimer! Erntezeit: Juni/Juli.

Verwendung: Samen zu Kohl, Fleisch, Käse und Quark; aus jungen Blättern und Wurzeln auch Gemüsezubereitung.

Heilanzeigen: Gegen Blähungen, Appetitlosigkeit, magenstärkend, stoffwechselanregend.

○ **Löffelkraut** (*Cochleária officinális*), Kreuzblütler; bis 0,30 m

Merkmale: (Heimat: Nordeuropa) Untere Blätter (Bild 36) löffelförmig, ab Mai des zweiten Jahres weiße duftende Blüten. Blätter schmecken sehr stark kresseartig, auch etwas salzig – bitter.

Kultur: Braucht genügend Bodenfeuchte, sonst bescheiden. Aussaat März/April oder August/September.

Verwendung: Blätter auch im Winter als Beigabe für Salate oder auf Butterbrot. Der scharfe Geschmack kann durch Borretsch, Schnittlauch und andere Kräuter gemildert werden.

Heilanzeigen: Stoffwechselanregend, verdauungsfördernd, geeignet für Frühjahrskur.

× **Petersilie** (*Petroselínum críspum*), Doldengewächse; bis 1,20 (i. 2. J.)

Merkmale: (Heimat: Mittelmeerländer) Wichtigstes Würzkraut; mit glatten und gekrausten Blättern, möhrenähnlichen Wurzeln und Blattrosette im ersten Jahr. Blattduft herb-würzig; grünlich-gelbe Blüten ab Juni/Juli des zweiten Jahres.

Kultur: Dankbar für humose, nährstoffreiche Böden, genügend feuchte, evtl. noch halbschattige Lagen; keinen frischen Stallmist.
Aussaat ab März in Reihen mit Radies als Markiersaat wegen langsamer Keimung. Winterschutz mit Fichtenreisig, um Ernte zu verlängern.

Verwendung: Blätter von außen wegnehmen ohne Herztrieb zu verletzen; auch Trocknen und Einfrieren für die Winterzeit; nicht mitkochen. Für Suppen, Soßen, Gemüse, Salate und Kartoffeln geeignet.

Heilanzeigen: Appetitanregend, verdauungsfördernd, schweiß-, galle-, harntreibend, blutreinigend.

Zwiebel- und lauchartige Pflanzen
(Familie der Liliengewächse)

× **Knoblauch** (*Állium satívum*)

Merkmale:	(Heimat: Zentralasien) Um eine Hauptzwiebel sind Nebenzwiebeln, sog. Zehen angeordnet, schmale, hängende Blätter; bildet kugelige, weiß bis rötliche Blütenstände. Die ganze Pflanze riecht durchdringend charakteristisch, eben nach Knoblauch.
Kultur:	Vollsonnige Standorte, humusreiche Böden, Vermehrung durch Zehen im März/April oder Herbst.
Verwendung:	Knoblauchgrün wie Schnittlauch zu Quark und Salaten, meist nur Zwiebel zu Soßen, Suppen, Gemüse, Salaten, roh oder gekocht.

Bild 37. Blühender Schnittlauch mit Winterheckzwiebeln. Foto Dr. Seitz

Bild 38. Luftzwiebeln. Foto Dr. Seitz

Heilanzeigen: Darmberuhigend, galletreibend, blutdrucksenkend, gegen Kreislaufstörungen und Alterserscheinungen; Grippe- und Bronchitismittel.

× **Schnittlauch** (*Állium schoenóprasum*)

Merkmale: (Heimat: Europa, Asien) Röhrenförmige Blätter aus dicht bewurzelten Ballen, rötlich-lila farbene Blüten ab Juni bis August; Blätter mit würzigem Zwiebelgeschmack (Bild 37).

Kultur: Liebt kalkhaltige feuchte Böden, gedeiht noch im Halbschatten; Aussaat im Frühjahr, auch Teilen als Vermehrungsart.

Verwendung: Grüne Blätter vielseitig zu Suppen, Soßen, Salaten, Quark, Fleisch-, Eier- und Kartoffelgerichten. Kurz vor dem Anrichten zu den Speisen geben; auch Trocknen und Tiefgefrieren möglich.

Heilanzeigen: Appetitanregend, verdauungsfördernd, gegen Blutarmut, senkt Blutdruck.

× **Lauch** (*Állium pórrum*)

Merkmale – Kulturverwendung = bekannte Gemüse- und Würzpflanze

Heilanzeigen: Wie Schnittlauch

× **Speisezwiebel** (*Állium cépa*)

Merkmale und Verwendung als Würzpflanze bekannt.

Heilanzeigen: Verdauungs- und durchblutungsfördernd, blutdrucksenkend, beruhigend, gegen Entzündung der Luftwege.

× **Schalotten** (*Állium ascalónicum*)

Kultur: Stecken der Zwiebelzehe ab Februar, Ernte ab Juli; liefern auch Schnittgrün zum Würzen.

○ **Winterheckzwiebel** (*Állium fistulósum*)

Ausdauernde Zwiebelart (Bild 37), zeitige Schlottenbildung im Nachwinter, Pflanzen wachsen in Horsten, Vermehrung durch Teilen.

○ **Luft- und Etagenzwiebel** (*Állium cépa* var. *vivíparum*)

Ausdauernd; verwertet werden Schlotten und Brutzwiebeln.
Vermehrung durch Teilen und Brutzwiebeln (Bild 38).

Heilanzeigen: Wie Speisezwiebel und Schnittlauch.

Mehrjährige Stauden und strauchartige Pflanzen

○ **Alant** (*Ínula helénium*), Korbblütler; bis 2,0 m

Merkmale: (Heimat: Zentralasien) Bis 0,50 m lange, weich behaarte Blätter, mit starkem, tiefreichendem Wurzelstock; Juli–September leuchtend gelbe Korbblüten, wie kleine Sonnenblumen (Bild 39).

Kultur: Sonniger Stand, nährstoffreicher Boden, am besten Lehmböden.

Verwendung: Teile des Wurzelstockes größerer Pflanzen z.B. zur Teebereitung oder als Badezusatz.

Heilanzeigen: Schleimlösend bei Bronchitis und Husten, regt Verdauung und Nierentätigkeit an.

○ **Andorn** (*Marrúbium vulgáre*), Lippenblütler; bis 0,60 m

Merkmale: Pflanze mit schwach aromatischem Geruch, graufilzigen, eiförmigen, gegenständigen Blättern und kleinen weißen Lippenblüten in den Blattachseln.

Kultur: Einzelpflanzen im Kräutergarten, ohne besondere Ansprüche.

Verwendung: Ernte während der Blüte für Teebereitungen.

Heilanzeigen: Gegen Husten, Galle- und Leberleiden, Magenbeschwerden.

○ **Arnika** (*Árnica montána*), Korbblütler; bis 0,60 m hoch

Merkmale: Rosetten mit Blütenstengeln und an diesen gegenständige kleine, behaarte, drüsige Blättchen; endständige, orangegelbe Korbblüten ab Juni.

Kultur: Sonnige Lagen, nicht zu feuchte Standorte.

Verwendung: Getrocknete Blüten (Juli), Wurzelstöcke (ab September) ernten.

Heilanzeigen: Entzündungshemmend, wundheilend, schweißtreibend; zur Selbstmedikation nicht allgemein empfohlen.

× **Beifuß** (*Artemísia vulgáris*), Korbblütler; bis 2,0 m

Merkmale: Heimische Kräuterart, an Wegrändern und Geröllhalden. Kräftige, stark verästelte Stengel, Blätter verschiedenartig gefiedert, Blütenköpfe in länglichen Rispen; Blüte ab August.

Kultur: Anspruchslos an Standort und Klima, braucht viel Standraum; Vermehrung durch Teilen.

Verwendung: Blütenrispen kurz vor der Blüte ernten und in Büscheln ohne Blätter trocknen. Frische junge Blätter auch in der Küche zu verwenden für fette Braten, Gänse- und Hammelfleisch, Gemüse- und Pilzgerichte. Volle Würzkraft nur durch Mitkochen.

Heilanzeigen: Tee bei Verdauungsbeschwerden und Appetitlosigkeit.

Bild 39. Alant. Foto M. F. Wetterwald

Bild 40. Beinwell. Foto M. F. Wetterwald

× **Beinwell** (*Sýmphytum officinále*), Rauhblattgewächse; bis 2,0 m

Merkmale: Heimische Heilpflanze, an Bachufern und auf feuchten Wiesen. Starkwachsende Büsche mit großen länglichen, eiförmigen Blättern mit malvenfarbigen Glockenblüten ab Mai bis August (Bild 40).

Kultur: Ohne Probleme; möglichst in vollsonnigen feuchten Lagen. Meist genügt eine Pflanze im Kräutergarten.

Verwendung: Vor allem Wurzeln, aber auch junge Blätter für spinatähnliche Gemüse und für Tee.

Heilanzeigen: Wundheilung, Quetschungen, Blutergüsse, Rheuma, Magen- und Darmerkrankungen.

× **Bergbohnenkraut** (*Saturéja montána*), Lippenblütler; bis 0,50 m

Merkmale: (Heimat: Mittelmeergebiet) Ähnelt im Aussehen, Aroma und in den Inhaltsstoffen dem einjährigen Bohnenkraut. Blüten: weiß, rosa oder violett.

Kultur: Anspruchslos, auch in Steingärten. Vermehrung durch Teilung oder Aussaat (Lichtkeimer!). Braucht in rauhen Gegenden Winterschutz.

Verwendung und Heilanzeigen: Wie Einjähriges Bohnenkraut.

× **Dost / Origano** (*Oríganum vulgáre*), Lippenblütler; 0,30–0,50 m

Merkmale: (Heimat: Südeuropa) An warmen Standorten bei uns wild vorkommend; rötliche, vierkantige Stengel mit fein behaarten eiförmigen Blättchen, rosa oder weiße Blüten von Juli bis September; sehr würziges, etwas pfefferartiges Aroma; attraktive Steingartenpflanze.

Kultur: Warme, trockene Lagen, sonst anspruchslos; im Frühjahr bis zum Boden zurückschneiden, Vermehrung durch Teilen und Wurzelausläufer

Verwendung: Blätter und junge Triebe zum Würzen von Tomaten, Fleisch, Käse, Suppen, Gemüse und Pizza. Zum Trocknen geeignet, beste Würzkraft zur Blütezeit.

Heilanzeigen: Magenstärkend, appetitanregend, verdauungsfördernd, nervenstärkend. Tee bei Erkältungen, Erkrankungen der Luftwege, Asthma.

○ **Eberesche** (*Sórbus aucupária*), Rosengewächse; bekannte Baumart

Verwendung: Früchte und Blätter getrocknet, Früchte roh nicht genießbar.

Heilanzeigen: Gegen Skorbut, harntreibend, leicht abführend.

× **Eberraute** (*Artemísia abrótanum*), Korbblütler; bis 1,00 m

Merkmale: (Heimat: Vorderasien) Graugrüne, fein gefiederte Blättchen, nach Zitrone duftend, aromatisch mit bitterem Nachgeschmack; blüht nicht bei uns.

Kultur: Liebt kalkhaltige humose Böden und trockene warme Standorte. Vermehrung durch Teilung und Stecklinge. Winterschutz!

Verwendung: Frische Triebspitzen in kleinen Mengen zu Salaten, Soßen, Braten; Schnittgrün für Sträuße.

Heilanzeigen: Magenstärkend, verdauungsfördernd, fiebersenkend.

○ **Eibisch** (*Althǽa officinális*), Malvengewächse; 0,60–1,30 m

Merkmale: (Heimat: Mittelmeergebiet) Untere Blätter handförmig gelappt, obere eiförmig zugespitzt, gesägt.
Blüten weiß oder blaßrosa im Juli bis September.

Kultur: Feuchte Böden und warme Lagen bevorzugt, anspruchslos, verwildert.

Verwendung: Blüten (Juli bis September), Blätter (Mai bis Juli), Wurzel (Okt. bis April)

Heilanzeigen: Erkrankungen der Atmungsorgane, Husten, Heiserkeit, Durchfall.

○ **Enzian, Gelber** (*Gentiána lútea*), Enziangewächse, 0,50–1,50 m

Merkmale: Fleischiger, dicker Wurzelstock, aufrechte hohle Stengel, große gegenständige gerippte Blätter, gelbe Blüten und Scheindolden; Blütezeit: Juni bis August.

Kultur: Etwa fünfjährig bis zur Wurzelernte.

Verwendung: Getrocknete Wurzeln, Tee, Kräutergeist (Enzianschnaps)

Heilanzeigen: Appetitlosigkeit, Magenbeschwerden.

× **Estragon** (*Artemísia dracúnculus*) Korbblütler; 0,60–1,50 m

Merkmale: (Heimat: Mittelasien) Verlangen Sie beim Kauf ausdrücklich deutschen, keinen russischen Estragon, damit Sie von Geschmack und Aroma nicht enttäuscht werden. Schmale, längliche Blätter am Stengel (Bild 41), die sich quirlig verzweigen; ab Juni unscheinbare gelbgrüne Blütenköpfchen; Ausläufer bildend.

Kultur: Deutscher Estragon ist anspruchsvoller als russischer, liebt warme Lagen, genügend feucht. Nur durch Ausläufer zu vermehren oder Stecklinge; Winterschutz! Russischer Estragon ist auch durch Samen vermehrbar.

Verwendung: Frische Triebspitzen zu Salaten, Quark, Suppen, Soßen, Geflügel, zum Einlegen mit Gurken, Kräuteressig, Kräuterwein, Kräuterbutter, Tee. Bei Kochgerichten mitkochen.

Heilanzeigen: Verdauungs- und gallenflußfördernd, harntreibend, rheumalindernd.

× **Fenchel** (*Foenículum vulgáre*), Doldenblütler; 0,80–2,00 m

Merkmale: (Heimat: Mittelmeerküste) Lange, rübenförmige Wurzeln, gerillte, markige Stengel, Blätter fein gefiedert, gelbe kleine Blüten in Dolden von Juli bis Oktober, süßlich würziger, typischer Fenchelduft (Bild 42).

Kultur: Warme, vollsonnige Standorte, nährstoffreiche kalkhaltige Böden; Winterschutz! Knollenfenchel als Gemüse wird einjährig kultiviert.

Verwendung: Samen für Tee, Backwerk. Frisches Grün zum Würzen von Fisch, Salaten, Soßen; Teebereitung.

Heilanzeigen: Krampflösend, auswurffördernd bei Lungenerkrankungen, Asthma und Keuchhusten, lindert Blähungen, empfohlen bei Bauchwehbeschwerden der Kinder.

○ **Goldmelisse** (*Monárda dídyma*), Lippenblütler; 0,80–1,50 m (Indianernessel)

Merkmale: (Heimat: Nordamerika) Kantige Stengel und spitz-eiförmig gezähnte Blätter, Rote Blüten in Quirlen von Juni bis Oktober.

Kultur: Eigentlich anspruchslos, sonnige Lagen; Vermehrung durch Teilen und Stecklinge.

Verwendung: Blüten, blühendes Kraut und Blätter für Tee.

Heilanzeigen: Verdauungsstörungen, Husten, Bronchitis, Wundheilung.

Bild 41. Estragon. Foto M. F. Wetterwald

Bild 42. Fenchel. Foto Dr. Seitz

○ **Heiligenkraut** (*Santolína chamaecyparíssus*), Korbblütler; 0,20–0,50 m

Merkmale: (Heimat: Südeuropa) Graufilzige, fiedrige Blättchen, würzig riechend, am niederliegenden Stengel aufgerichtete Zweiglein mit goldgelben Blütenkörbchen (Bild 43) im Juni bis August.

Kultur: Trockene, sonnige Lage, anspruchslos.

Verwendung: Blühende Sproßteile und Blätter vor der Blüte; Blüten auch für Trockensträuße.

Heilanzeigen: Krampflösend, magenwirksam, wurmtreibend.

Bild 43. Heiligenkraut. Foto Dr. Seitz

○ **Herzgespann** (*Leonúrus cardíaca*), Lippenblütler; 0,50–1,50 m

Merkmale:	(Heimat: Europa) Steife, vierkantige Stengel, gezähnt gelappte Blätter, Blüten rosa bis rot, Juni bis September.
Kultur:	Einzelpflanzen im Kräutergarten.
Verwendung:	Blühende Sproßspitzen.
Heilanzeigen:	Bronchitis, Herzklopfen, Blähungen, Durchfall.

× **Holunder** (*Sambúcus nígra*), Geißblattgewächse; bekannter Baum und Strauch

Verwendung:	Blüten, Früchte, auch Blätter.
Heilanzeigen:	Schweißtreibend, blutreinigend, harntreibend, abführend.

○ **Johanniskraut** (*Hypéricum perforátum*), Johanniskrautgewächse; 0,50–1,00 m

Merkmale: (Heimat: Europa) Gegenständige Blätter, länglich, ganzrandig; durchscheinend punktiert; Blüten goldgelb (Juni bis September) in Trugdolden; beim Zerdrücken der Blüten roter Saft

Kultur: Anspruchslos, trockene Böden.

Verwendung: Blätter, blühende Sproßspitzen zu Tee, Kräuteröl.

Heilanzeigen: Wundheilend, bei Nerven- und Rheumaschmerzen.

○ **Katzenminze** (*Népeta catária*), Lippenblütler; 0,50–1,00 m

Merkmale: (Heimat: Europa) Behaarte Stengel mit graugrünen, herzeiförmigen Blättern, Blüten weiß-rosa, rötlich gesprenkelt (Juni bis September), Pflanzen riechen stark minzeartig.

Kultur: Anspruchslos, auch für Ziergärten geeignet.

Verwendung: Blühende Sproßspitzen, Tee.

Heilanzeigen: Krampflösend, schmerzstillend, wundheilend, magenwirksam.

× **Lavendel** (*Lavándula angustifólia*), Lippenblütler; 0,30–0,60 m

Merkmale: (Heimat: Südeuropa) Halbstrauch mit schmalen, länglichen Blättern, silbergrau-grün; ab Juli an langen Stielen blaue, duftende Blüten in Quirlen.

Kultur: Trockene, kalkhaltige Böden, sonnige Standorte; Vermehrung durch Aussaat und Stecklinge.

Verwendung: Junge Blattspitzen zum Würzen von Soßen, Eintopf, Fisch; mitkochen! Blüten in Sträußen getrocknet für Duftzwecke (Bild 26), Tee, Kräutergeist.

Heilanzeigen: Nervenberuhigend, bei Blähungen und Hustenreiz; Lavendelgeist zum Einreiben.

× **Liebstöckel** (*Levísticum officinále*), Doldenblütler; bis 1,50 m

Merkmale: (Heimat: Südeuropa/Persien) Verzweigte Wurzelstöcke treiben hohle Stengel mit Fiederblättern, die stark nach „Maggiwürze“ schmecken.

Kultur: Feuchte Böden, auch halbschattige Lagen, genügend Standraum; Vermehrung durch Teilen, auch Aussaat.

Verwendung: Zarte Blätter zum Würzen für Suppen, Eintopf, Soßen, Fleischspeisen (mitkochen!); stärker aromatisch sind die Wurzeln.

Heilanzeigen: Verdauungsbeschwerden, Blasenleiden (Vorsicht – nierenreizend!); Tee – allgemein anregend.

○ **Malve** (*Málva sylvéstris*), Malvengewächse; 0,30–1,00 m

Merkmale: (Heimat: Europa) Langgestielte, siebenlappige Blätter, Blüten: rosa bis violett, Mai bis September (Bild 44).

Kultur: Anspruchslos, wie Eibisch.

Bild 44. Malve. Foto Dr. Seitz

Bild 45. Apfelminze. Foto Dr. Seitz

Verwendung: Blüten, Wurzeln, Blätter getrocknet.

Heilanzeigen: Tee leicht abführend, entzündungshemmend, Gurgelmittel, Blüten für Haustee.

× **Meerrettich** (*Armorácia rusticána*), Kreuzblütler; 1,20 m

Merkmale: (Heimat: Südosteuropa, Asien) bis zu 80 cm lange Blätter, an den Rändern gekerbt. 1,20 m hohe Blütenstiele im 2. Jahr; weißblühend, kräftige, stangenförmige Hauptwurzel, dünnere Nebenwurzeln (Fechser) zur Vermehrung; Geschmack der Wurzel: scharfbeißend.

Kultur: Nahrhafte, tiefgründige Böden, genügend Bodenfeuchte.

Verwendung: Geriebene Wurzeln zu Fleisch, Fisch, Wurst, Eiern, Tomaten, Quark; Wurzelstücke zum Einlegen für Gurken.

Heilanzeigen: Anregend für Magen und Darmtätigkeit, Blutkreislauf; gegen Frühjahrsmüdigkeit, vorbeugend gegen Erkältungskrankheiten, hustenlösend.

× **Minze-Arten** (*Méntha*-Arten), Lippenblütler; 0,40–0,80 m

Am bekanntesten: Pfefferminze (*Méntha piperíta*)

Apfelminze (Bild 45) (*Méntha rotundifólia*)

Poleiminze (*Méntha pulégium*)

Zitronenminze (*Méntha citráta*)

Ananasminze (*Méntha rotundifólia 'Bowles'*)

Krause Minze (*Méntha críspa*)

Merkmale: Stark blattduftende, wüchsige, Ausläufer bildende Kräuter.

Kultur: Feuchte, humusreiche Böden, in sonnigen Lagen höhere Gehalte an ätherischen Ölen; Vermehrung durch Ausläufer (Stolonen).

Verwendung: Frisches Kraut in kleinen Mengen zu Soßen, Suppen, Rohkost, Quark, Eiern, Gelee, Drinks, Kräuteressig, -wein und -geist; getrocknet für Arznei- und Haustee.

Heilanzeigen: Magen- und Darmerkrankungen, Blähungen und Krämpfe, stoffwechselaktivierend, unterstützend für Galle- und Leberfunktionen. Pfefferminzöl zum Einreiben gegen Gliederschmerzen.

× **Pimpinelle** (*Sanguisórba mínor*), Rosengewächse; 0,30–0,60 m

Merkmale: (Heimat: Mittelmeergebiet) Rosetten mit zierlich gefiederten Blättern (Bild 46), an langen Stielen; ab Mai bis Juni runde rötliche Blütenköpfchen, Blätter duftend, schmecken frisch-würzig.

Kultur: Bescheiden an Boden und Lage, nach mehreren Jahren evtl. auswechseln oder umpflanzen. Blütenstiele öfter wegschneiden.

Verwendung: Junge Triebe und Blätter zu Salaten, Quark, Eiern, Tomaten, Fisch, Kräutersoßen und -suppen; nicht mitkochen! Einfrieren möglich.

Heilanzeigen: Hautkrankheiten, blutreinigend, harntreibend, anregend für Leber und Niere.

Bild 46. Pimpinelle. Foto Dr. Seitz

○ **Rhabarber, Medizinal-** (*Rhéum palmátum*), Knöterichgewächse; 2–3 m

Merkmale: (Heimat: Mongolei) Große gelappte, langgestielte Blätter, allgemein bekannt.

Kultur: Nahrhafte Böden, ausreichend sonnigen Standraum, dekorative Einzelpflanze.

Verwendung: Blattstiele, Wurzeln, Vorsicht bei Selbstmedikation!

Heilanzeigen: Appetitanregend, tonisch, wurmtreibend.

× **Rosmarin** (*Rosmarínus officinális*), Lippenblütler; 0,40–0,70 m

Merkmale: (Heimat: Mittelmeergebiet) Vierkantige Triebe mit immergrünen ledrigen Blättern, stark würziger Duft, Mai bis Juli blaue bis violette Blüten.

Kultur: Wärme- und winterschutzbedürftig, sonnigen Standort, durchlässige, humose Böden. Vermehrung durch Stecklinge und Aussaat. Auch als Kübelpflanze geeignet.

Verwendung: Triebspitzen und Blätter zu Fleisch-, Grill-, Kartoffel- und Gemüsegerichten; bei der Zubereitung von Anfang an zugeben; auch für Kräuterwein, -geist und -tee.

Heilanzeigen: Tee wirkt nervenstärkend, anregend für Herz und Kreislauf, galletreibend, appetitanregend, gegen chronische Hautausschläge; beliebt als Badezusatz.

× **Salbei** (*Sálvia officinális*), Lippenblütler; 0,40–0,70 m

Merkmale: (Heimat: Mittelmeergebiet) Vierkantige Stengel und graugrüne, filzige, längliche Blätter, leicht bitter schmeckend.

Kultur: Liebt sonnige Standorte, durchlässige humose Böden. Vermehrung durch Teilen, seltener durch Samen; Winterschutz in rauhen Lagen nötig.

Verwendung: Junge, zarte Blätter, auch getrocknet, zum Würzen von Fisch-, Fleisch- und Gemüsegerichten, Suppen, Quark, Tomatensalat.

Heilanzeigen: Bei Leber- und Nierenleiden, Mundentzündungen, gegen Nachtschweiß.

○ **Sanddorn** (*Hippóphaë rhamnoídes*), Ölweidengewächse

Merkmale: Bekannter dorniger Baum bzw. Strauch, zweihäusig, also mehrere Exemplare anpflanzen.

Verwendung: Gelb bis orangerote Scheinbeeren, geerntet ab September.

Heilanzeigen: Gegen Skorbut; appetitanregend, tonisch, wurmtreibend.

× **Sauerampfer** (*Rúmex acetósa*), Knöterichgewächse; 0,30–0,80 m

Merkmale: (Heimat: Europa) Pfeilförmige, säuerlich schmeckende Blätter, ab Mai Blütenrispen.

Kultur: Feuchte, humose Böden, gedeiht auch noch im Halbschatten.
Blütenstiele öfter ausbrechen! Vermehrung durch Teilen und Aussaat.

Verwendung: Zarte, junge Blätter für Salate, Soßen, Suppen, Fisch.

Heilanzeigen: Blutreinigend, entschlackend, blutbildend; Vorsicht! bei Herz-, Nieren- und Rheumakranken.

× **Thymian** (*Thýmus vulgáris*), Lippenblütler; 0,30 m

Merkmale: (Heimat: Südeuropa) Stark verästelter niedriger Halbstrauch, schmale, feste wintergrüne Blättchen, stark duftend, rosafarbene Blüten ab Mai.

Kultur: Trockene, sonnige Standorte, Steingartenpflanze, Vermehrung durch Aussaat, Teilen, Stecklinge.

Verwendung: Junge Triebe zu Fleisch-, Gemüsegerichten, Pizza, Pilzen, Soßen mitgekocht, Quark.

Heilanzeigen: Schleimlösend, harntreibend, Tee bei Magen-, Darm- und Gallenleiden, Bronchitis; äußerlich bei schlecht heilenden Wunden.
(**Zitronen-Thymian,** nach Zitrone duftende, empfehlenswerte Thymianart).

× **Tripmadam** (*Sédum refléxum*), Dickblattgewächse; kriechend
Merkmale: (Heimat: Mitteleuropa) Spitze, fleischige, grün- bis bläuliche Blättchen, gelbe Blüten ab Juni bis August (Bild 25).

Kultur: Auf mageren Böden, Steingärten, sonnige Standorte, Vermehrung durch Teilen

Verwendung: Triebspitzen zu Salaten, Rohkost, Soßen, Kräuteressig.

Heilanzeigen: Blutreinigend, harntreibend, krampflösend.

○ **Waldmeister** (*Aspérula odoráta*), Rötegewächse; 0,30 m
Merkmale: (Heimat: Europa) Vierkantige Stengel mit dunkelgrünen schmalen Blättchen in sternförmigen Quirlen; beim Welken entsteht typischer Cumarinduft, im Mai duftende weiße Blüten; Bodendecker!

Kultur: Lockere feuchte Böden und schattige Standorte.

Verwendung: Ab zweitem Jahr kurz vor der Blüte Kraut abschneiden, für Maibowle, Fruchtsäfte und Tee.

Heilanzeigen: Blutreinigend, schweißtreibend, wundheilend; gegen Nervosität und schlechten Schlaf.

× **Weinraute** (*Rúta gravéolens*), Rautengewächse; 0,50–1,00 m
Merkmale: (Heimat: Südeuropa) Gefiederte, blaugrüne wintergrüne Blätter, gelbe Blüten in Scheindolden ab Juni. Typischer strenger Duft, besonders an warmen Tagen.

Kultur: Bescheidene Ansprüche an Boden, sonnige Lagen erwünscht; Vermehrung durch Aussaat. Geeignet für streng geschnittene Kräuterhecken (Bild 27).

Verwendung: Junge Triebe und Blätter nur sparsam verwenden zu Fleisch, Soßen, Suppen (Aalsuppe), Kräuterwein; in großen Mengen schädlich!

Heilanzeigen: Verdauungsfördernd, Antistreßmittel, kräftigt Nerven, hilft gegen Mundgeruch.

○ **Weißdorn** (*Cratǣgus monógyna*), Rosengewächse; bekannte Strauchart

Verwendung: Noch knospige Blütenstände, Früchte auch Rinde zu Tee.

Heilanzeigen: Bei Bluthochdruck, Nervosität, Schlaflosigkeit, Steinerkrankungen.

○ **Wermut** (*Artemísia absínthium*) Korbblütler, bis 1,50 m
Merkmale: (Heimat: Mittelmeergebiet, Europa) Silbergrau behaarte, zierlich gefiederte Blätter, riechen stark aromatisch und schmecken gallebitter (Bild 47), ab Juli lockere Rispen mit kleinen gelben Blüten.

Bild 47. Wermut. Foto Dr. Seitz

Kultur: Sonnige Standorte, anspruchslos an Boden, verträgt Trockenheit, Vermehrung durch Teilen! Meist genügt eine Pflanze im Kräutergarten.

Verwendung: Frisches und getrocknetes Kraut in sehr kleinen Mengen zu Fleisch, Eintopf – mitgekocht! Kräuterwein und -geist.
Größere Mengen sind gesundheitsschädlich!

Heilanzeigen: Gegen Appetitlosigkeit, als Magentee bekannt.

× **Ysop** (*Hyssópus officinális*), Lippenblütler; 0,40–0,60 m

Merkmale: (Heimat: Vorderasien) Halbstrauch mit vierkantigen Stengeln und schmalen lanzettlichen, dunkelgrünen Blättchen, ab Juli hübsche blaue, rosa oder weiße Blüten (Bild 28).

Kultur: Lockere, trockene Böden, viel Sonne. Vermehrung durch Aussaat, Teilen oder Stecklinge; zum Trocknen kurz vor der Blüte schneiden.

Verwendung: Junge Triebe und Blätter frisch zu Salaten, Soßen, Bohnengemüse, Kartoffel- und Fleischgerichten. Auch getrocknet zu Kräuterwein, -geist, -likör.

Heilanzeigen: Chronische Bronchitis, Magen- und Darmerkrankungen, Tee wirkt verdauungsfördernd und schweißmindernd; bewährt als Gurgelmittel.

× **Zitronenmelisse** (*Melíssa officinális*), Lippenblütler; 0,50–1,00 m

Merkmale: (Heimat: Vorderer Orient) Vierkantige, behaarte Stengel mit eiförmigen, randgezähnten Blättern, ab Juli weiße Blüten, beim Zerreiben der Blätter typischer Zitronengeruch.

Kultur: Warme geschützte Standorte und humose durchlässige Böden. Vermehrung durch Aussaat, Teilen und Stecklinge; für Tee kurz vor der Blüte ernten.

Verwendung: Junge, frische Triebe für Salate, Quark, Fisch, Leber, Geflügel, Wild (nicht mitkochen!); Kraut auch zum Einfrieren und Trocknen für Arznei- und Haustee.

Heilanzeigen: Tee und Melissengeist sind nervenstärkend, gegen Kopfschmerzen und Schlaflosigkeit, Brechreiz und Krämpfe.

Unkräuter als Heilpflanzen

Als Unkräuter werden Pflanzenarten unserer Wildflora bezeichnet, die sich mit unseren Gartenpflanzen meist ungebeten vergesellschaften, und mit diesen um verfügbaren Raum, um Wasser und Nährstoffe konkurrieren. Bodenständige (Un-)Kräuter sind besonders bei extremen Witterungsverhältnissen, z. B. anhaltend naßkaltem oder besonders heißem Wetter, den Kulturpflanzen überlegen. Deshalb muß auch im Kräutergarten die ordnende Hand des Gärtners zuweilen eingreifen, um die gewollten Kräutergesellschaften in ihrer Entwicklung zu unterstützen.
In die Gruppe der Unkräuter werden über dreihundertfünfzig Pflanzenarten eingeordnet, von denen bei kritischer Betrachtung allerdings nur etwa vierzig als bestandsbildende Arten unsere Kulturpflanzen ernsthaft bedrängen.
Wildpflanzen und ihre Gemeinschaften sind zuverlässige Anzeigerpflanzen für den jeweiligen Standort, z. B. für Bodenart, Bodenfeuchte, Nährstoffversorgung und Kalkgehalt.
Im Übereifer beim Kampf gegen die Unkräuter werden deren nützliche Eigenschaften als Bodengesundungspflanzen, Wildgemüse, Bienenweide, Wirtspflanzen für Nützlinge im Garten und als Heilpflanzen übersehen.
In der Übersicht Seite 102/103 sind die bekanntesten heilkräftigen Unkräuter zusammengestellt, und auf die Anwendungsmöglichkeiten wird hingewiesen.

Kräutersegen, Kräuterernte, Kräuternutzen

Ist es gelungen, Tee- und Würzkräuter mit Erfolg im Kräutergarten anzubauen und die Kenntnisse auch über die Wildkräuter gesichert zu erweitern, folgt bald die Feststellung, daß man eigentlich noch gar nicht genug weiß über deren vielseitige Verwendbarkeit (Bild 48).

Das umfangreiche Kräuterangebot, der Kräutersegen eines Gartenjahres kann häufig nur unvollständig nutzbringend verwertet werden. Neulinge mögen sich trösten, auch für die zweckmäßige Verwertung der Kräuter brauchen wir langjährige, aufbauende Erfahrungen. Ein weites faszinierendes Experimentierfeld bietet sich an. Wer sich mit Kräutern intensiv befaßt, wird sein ganzes Leben lang nicht auslernen.

Bild 48. Was man mit Kräutern alles machen kann. Von links nach rechts: Kräutergelee, Kräuteressig, Kräutergeist, Kräuteröl, Kräuterwein, Kräutertee, Kräutergewürze. Foto Dr. Seitz

Sorgfältiges Ernten bestimmt die Kräuterqualität

Die Kräuter sind am wertvollsten, wenn sie frisch im Garten geerntet und sofort verlustlos verwendet werden können. Stellen wir Kräuter in ein Glas mit klarem Wasser ist die Frischhaltung einige Tage möglich.
Dabei dürfen nur die Stiele im Wasser stehen und keine Blätter, um vorschnellem Faulen vorzubeugen. In Frischhaltebeutel, Aluminiumfolie oder Kunststoffbehälter aufbewahrt im Kühlschrank, halten sich grüne Kräuter über eine Woche frisch.
Die grünen Küchenkräuter werden im allgemeinen vor der Blüte gepflückt oder geschnitten; denn meist sind zarte Blätter und Triebe begehrt z.B. bei Garten- und Kapuzinerkresse, Borretsch, Pimpinelle und Estragon. Selbstverständlich werden blühende Pflanzen nicht wertlos, das Schnittgut ist allerdings faseriger und oft bitter oder beißend schmeckend. Ergänzend sei bemerkt, daß sich die Blüten nicht nur zur Dekoration eignen, sondern auch eßbar sind z.B. Blüten von Kapuziner- und Gartenkresse, Schnittlauch, Borretsch und Bohnenkraut.
Die Frischkräuter waschen wir vor der Verwendung rasch und behutsam unter fließendem Wasser, schütteln ab, daß das Wasser zwischen den Fingern oder dem Sieb abtropft. Für die Kräuter zum Haltbarmachen für die würzkräuterarme Zeit und zur Teegewinnung liegt die günstigste Erntezeit kurz vor der Blüte. Dann sind der größte Blattertrag und der höchste Gehalt an Inhaltsstoffen, insbesondere bei Kräuterarten mit ätherischen Ölen zu erwarten.
Kraut, Blatt und Blüten ernten wir am besten am frühen Vormittag, sobald die Pflanzen tautrocken sind oder in der Mittagszeit. Der Rückschnitt soll nur so tief erfolgen, daß genügend Blätter an den verbleibenden Trieben einen erneuten kräftigen Austrieb ermöglichen. Vergilbte, faulende und kranke Blätter sind vom Schnittgut zu trennen.
Der günstigste Zeitpunkt für die Samenernte ist der frühe Morgen, weil die reifen taufrischen Samenstände in diesem Zustand weniger Samenkörner verlieren. Wurzeln und Wurzelstöcke werden im Spätherbst oder zeitigen Frühjahr ausgegraben, gründlich gewaschen und in kurze, 2–3 cm lange Stücke geschnitten, um das nachfolgende Trocknen zu beschleunigen.

Kochkunst ist Würzkunst

Bei allen Konservierungsverfahren müssen, selbst bei schonendster Behandlung, Verluste an Inhaltsstoffen und chemischen Veränderungen hingenommen werden. Pflanzenkost ist unbestritten dann Heilkost, wenn das Leben der Zellen erhalten und alle Vitalstoffe noch aktiv sind. Deshalb gilt der Grundsatz, Kräuter möglichst frisch verwenden! Frische Kräuter zum Würzen duften stärker und schmecken arttypisch würziger.
Im Sog zunehmender Bedeutung der Rohkostgerichte und des Salatverzehrs sind auch frische Würzkräuter stärker gefragt. Rohkost ohne frische Kräuter ist nicht mehr vorstellbar. Werden auch die übrigen Gerichte in der Küche ohne Kräuter zubereitet, versagt man sich nicht nur köstlichen Wohlgeschmack, sondern kocht nach heutigen Kenntnissen der Ernährungswissenschaft nicht richtig.
Würzkräuter haben den Ruf berühmter nationaler Küchen, beispielsweise der Franzosen, Jugoslawen, Inder, Chinesen oder regional begrenzt der alemannischen, rheinischen oder hessischen Eßgewohnheiten, begründet.
Durch Würzen werden Nahrungsmittel zu Speisen und durch gekonntes Würzen mit aromatischen Kräutern zu wahren Gaumenfreuden. Würzkräuter veredeln aber nicht nur Geschmack und Aroma unserer täglichen Speisen, sie wirken mit ihren vielfältigen Inhaltsstoffen appetitanregend, verdauungsfördernd, tragen zum Wohlbefinden und Lei-

stungsvermögen wesentlich bei und sind schließlich auf ihre Weise bemerkenswerte Heilpflanzen.
Essenzubereitung mit Würzkräutern hilft aber auch Kochsalz sparen. Der durchschnittliche tägliche Verbrauch an Kochsalz je Erwachsener wird heute bei uns auf 10 g geschätzt. Tatsächlich braucht unser Körper nur 1 g/Tag.
Bei Diätgerichten, für die Kochsalz und scharfe Gewürze nicht erlaubt sind, können nur Würzkräuter weiterhelfen. Frische Kräuter werden auch zur Körperentschlackung im Nachwinter gegen die Frühjahrsmüdigkeit empfohlen.
Der bekannte dänische Wissenschaftler GUDJONSSON hatte bereits in den 30er Jahren mit Tierversuchen nachgewiesen, daß ausreichende Vitaminversorgung Erkältungskrankheiten vorbeugt. Nach seiner Ansicht beruht auch die Frühjahrsmüdigkeit ab der zweiten Winterhälfte auf Vitaminmangel. Zur Bekämpfung der Frühjahrsmüdigkeit wird im Lande der Hessen die „Grüne Soße" empfohlen, früher war sie ein ausgesprochenes Frühjahrsgericht mit den sieben frischen Kräutern Kerbel, Petersilie, Schnittlauch, Sauerampfer, Kresse, Borretsch und Pimpinelle. Inzwischen sind Kräuterpackungen für „Grüne Soße" ganzjährig im Angebot. Frischkräuter sollen feingeschnitten, aber auch gründlich gekaut werden. Ausgelöste Geruchs- und Geschmacksempfindungen regen eine intensive Speichel- und Magensaftbildung an. Damit ist die verdauungsfördernde Wirkung der Kräuter zu erklären.

Frische Kräuter zu Frühstück und Brotzeit

Zum morgendlichen Auftakt frische Kräuter zum Frühstück – es gibt nichts Delikateres, Bekömmlicheres und Gesünderes. Man erinnert sich wieder an die Rezepte der Großeltern und experimentiert mit Freude. Besonders für die kalten Mahlzeiten, Frühstück, Brotzeit und Imbiß eignen sich Kräuter als schmackhafte Ergänzungen. Kräuterquark, Kräuterbutter, Kräuteraufschnitt oder Kräuterdips sind als preisgünstige Köstlichkeiten des Alltags nicht mehr wegzudenken. Quark oder Weißkäse, einst billiges Nebenprodukt der Milchverwertung, ist zu einem vielbegehrten Nahrungsmittel geworden. Am wertvollsten ist Magerquark, kalorienarm, aber mit hohem Eiweiß- und Mineralstoffgehalt.
Außerdem besitzt Magerquark reichlich Vitamin B 2. Bereits 100 g Quark decken $^1/_3$ des gesamten Tagesbedarfs dieses wichtigen Vitamins.
In idealer Weise ergänzen sich die Inhaltsstoffe des Weißkäses mit den frischen Kräutern z. B. von Schnittlauch, Petersilie, Borretsch, Salbei, Sauerampfer, Estragon.
Für die Herstellung von Kräuterbutter lassen sich noch weit mehr geschmacksverbessernde Kräuter verwenden, so daß Sie noch mit Eifer experimentieren können (siehe Kapitel Kräuter-Praktikum). Auch Grieben- oder Gänseschmalz wird in vielen Familien gerne als Brotaufstrich gegessen. Mit den verschiedenen Würzkräutern kann wie bei Kräuterbutter das Brotschmalz ebenfalls individuell verfeinert werden.
Selbstverständlich läßt sich noch vieles andere „kräutern", Gemüsesäfte z. B. ergeben besonders wohlschmeckende Cocktails, auch Joghurt und Milch, mit Kräutern zubereitet, können die kalten Mahlzeiten erfreulich ergänzen.
Schließlich dürfen wir nicht den Kräuteraufschnitt vergessen, hierzu nimmt man möglichst viele frische Kräuter, die uns der Garten bietet. Die Hauptbestandteile unserer Kräutermischung für den Aufschnitt sind Gartenkresse, Borretsch, Petersilie, Schnittlauch, Sauerampfer und Knoblauchgrün, Portulak und in bescheidenem Umfange Basilikum, Zitronenmelisse, Zitronenthymian und Bohnenkraut. Braucht man eine größere Menge an Kräuterrohkost, können wir die Mischung mit Schnittzichorien, Radicchio oder Feldsalat und jungen Spinatblättern erweitern.

Die Kräuterrohkost wird nach dem Schneiden ausreichend gemischt und mit Tomatenscheiben und Radieshälften garniert. Rohkostkräuter schmecken besonders delikat auf Toast und echtem Bauernbrot bestrichen mit Butter auch auf Streich- und Schnittkäse.
Als Delikatesse gilt die Kombination Rohkostkräutermischung zum hart gekochten Frühstücksei. Diese Frühstücks-Kräutermischung läßt sich aber auch ausgezeichnet mit Joghurt anrichten und zusammen mit Toast, frischen Brötchen oder Vollkornbrot servieren.
Insgesamt gesehen dürfen wir feststellen, daß die Nachfrage und Verwendung frischer Kräuter in Zukunft mit Sicherheit zunehmen wird, besonders, wenn es gelingt, durch Verbraucheraufklärung die beachtliche gesundheitliche Bedeutung des Kräuterverzehrs weiten Teilen der Bevölkerung noch bewußter zu machen.

Bild 49. Zum Trocknen werden die Kräuter in lockeren Sträußen kopfunter an einem luftigen Ort aufgehängt. Foto H. Reinhard

Haltbarmachen durch Trocknen

Das älteste und verbreitetste Verfahren der Kräuterkonservierung ist das Trocknen. Durch Wasserentzug beim Trocknungsvorgang verlieren die Pflanzen 80–90% ihres Gewichts. Im Sommer reicht die natürliche Trocknung in Schuppen oder Dachböden meist aus. Für 10 m^2 Anbaufläche rechnet man allgemein 1 m^2 Trocknungsfläche. Bei anhaltender feuchter Witterung ist eine zusätzliche künstliche Nachtrocknung z. B. in Backröhren notwendig. Für Pflanzenteile mit ätherischen Ölen dürfen die Temperaturen 35°C nicht übersteigen, sonst sind beachtliche Verluste durch Verflüchtigen von Inhaltsstoffen unvermeidlich. Zum Trocknen können die Kräuter zu lockeren Sträußen zusammengebunden und an Leinen oder trockenen Wänden kopfunter gehängt werden (Bild 49). Samendrogen umwickeln wir zusätzlich mit luftdurchlässigen Tüchern, Seidenpapier oder seitlich perforierten Tüten, um ausfallende Samenkörner zu sammeln. Empfindliche Blüten und Blätter trocknen am besten auf Trockenhorden oder -darren, die vorteilhaft mit Jutetuch ausgelegt sind.
Beste Teequalitäten lassen sich mit Spezialtrockenschränken bei exakt eingestellten Temperaturen erzielen. Bemerkenswert ist die Möglichkeit, mit einem selbstbaubaren Solar-Trockenschrank ohne Heizkosten Kräuter, Pilze und Früchte vorzüglich zu konservieren. Für den Kräuterlehrgarten Weilerhof wurde ein solcher Trockenschrank mit Solar-Luftkol-

lektor nachgebaut, verbessert und bisher mit Erfolg eingesetzt (Bild 51). Im einfachen der Sonne zugeneigten schräggestellten Kollektor erwärmt sich die Luft, steigt nach oben durch einen Schlitz in den Trockenschrank und wird kaminartig oben abgeführt. Das Erntegut liegt auf mit Fliegengitter bespannten Trockenrahmen und wird durch die aufsteigende Warmluft auf schonende Art getrocknet. Auffallend ist die ausgezeichnete Farberhaltung des Teematerials. An der Rückseite des Trockenschrankes können durch eine aufklappbare Tür die Rahmen eingeschoben werden (Bild 50).

Bild 50. Bei schonender Trocknung in einem mit Solar-Luftkollektor ausgestatteten Trockenschrank bleibt die Farbe des Erntematerials gut erhalten. Foto Dr. Seitz

Trockenschrank mit Solarkollektor

Bauanleitung (Bild 51)

- Seitenteile (je 2 Dachlatten, 120 und 130 cm lang, 10 Profilbretter) zusammennageln. Erstes Brett 50 cm über dem Boden anbringen, letztes mit der Stichsäge abschrägen.
- Schiebeleisten (2 × 4 cm) für Trockenschrankboden und Trockengitter auf die Innenseiten schrauben (Abstand 13 cm), Außenkanten sorgfältig glattschleifen.
- Vorder- und Rückseite mit Profilbrettern (70 cm lang) zwischen die Seitenwände einbauen. Am Vorderteil einen 10 cm breiten Schlitz für den Kollektor freilassen.
- Boden aus Rauhspundbrettern (60 cm lang) auf die untersten Leisten der Seitenwände nageln.
- Dach aus Rauhspundbrettern auf zwei Dachlatten nageln. Die Latten müssen den Außenwänden des Schrankes anliegen. Die äußere Dachfläche mit Dachpappe am Rand überlappend beziehen und festnageln.
- Schranktür aus Profilbrettern und Dachlatten zusammenbauen und mit Scharnieren an der Bodenplatte befestigen. Zum Verschließen Schubriegel anbringen. An einer Türseite Dachlatte (ca. 50 cm lang) mit Scharnier so anbringen, daß sie sich beim Öffnen im rechten Winkel zur Türfläche aufstellt und der Tür-Arbeitsplatte als Stütze dient.
- Schrankbeine durch Querholme stabilisieren (20 cm über Erdboden)
- Kollektor-Rahmen (100 × 70 cm) aus Fichtenholzbrettern (2 × 10 cm) anfertigen. Als Rückseite eine Sperrholzplatte aufschrauben, als Innenseite zur Auflage für die Glasscheibe Bretter (2 × 8 cm) aufschrauben.
- Innenwände des Kollektors mit schwarzem Acryllack (matt) streichen
- Falz mit Kitt ausstreichen, Glasscheibe einlegen und die Fenster verkitten. Den fertigen Kollektor mit Schrauben seitlich am Trockenschrank befestigen.
- Rahmen für die Trockengitter aus Leisten (2 × 2 cm) und Winkeleisen zusammenschrauben, Fliegengitter auf den Rahmen heften und dünne Wandleisten darübernageln.

Arbeitszeit etwa 15 Stunden

Material

- Dachlatten, gehobelt: 2 à 130 cm; 1 à 120 cm; 4 à 60 cm; 2 à 90 cm
- Profilbretter (12 mm): 28 à 60 cm; 18 à 70 cm
- Rauhspund: 7 à 60 cm; 10 à 90 cm
- Fichtenbretter (2 × 8 cm): 2 à 100 cm

- Fichtenleisten (2 × 4 cm): 10 à 60 cm
- Fichtenleisten (2 × 2 cm): 10 m
- Sperrholz, wasserfest (10 mm): 74 × 100 cm
- Glasscheibe: 70 × 30 cm
- Wandleisten (0,5 × 2,5 cm): 10 m
- Dachpappe: 65 × 75 cm
- Glaserkitt, 2 Schubriegel, Winkeleisen, Fliegengitter
- Holzschutzlasur, tannengrün (1 l)
- Acryllack, schwarz (kleine Dose)
- Dachpappstifte (1 Pckg.), Nägel
- Scharniere (3), Holzmessingschrauben (40 mm, 20 mm)

Drogen zum Aufbewahren

Der Trocknungsvorgang ist abgeschlossen, wenn die Blätter beim Anfassen rascheln und die Stengel leicht brechen. Seltener wird solches Trockengut wie in früheren Zeiten noch in Nessel- oder Leinensäckchen staubfrei und luftig aufgehoben.
Im allgemeinen treiben wir die Blattdrogen durch ein Grobsieb und füllen sie wie Blütendrogen in Weißblechdosen oder verschraubbare dunkel eingefärbte Gläser.
Samendrogen, z.B. Kümmel, Fenchel, Dill, Koriander und Anis, die übrigens meist an der Sonne getrocknet werden, schütteln und klopfen wir kräftig ab, reinigen wir im Luftstrom und bewahren sie ebenfalls in Schraubgläsern bis zum Verbrauch.
Vergessen wir nicht die Würz- und Teebehälter zu etikettieren mit Angaben über Inhalt und Erntejahr. Empfehlenswert sind zusätzliche Hinweise über Möglichkeiten der Verwendung.
Auch bei vorschriftsmäßiger Aufbewahrung sind Abbauvorgänge im Drogengut nicht auszuschließen. Die Wirksamkeit der Tee- und Würzkräuter wird allmählich vermindert. Deshalb müssen die Blatt- und Blütendrogen nach einem Jahr im allgemeinen durch neue Ernten ersetzt werden. Gekonntes Mischen der Würzkräuter ergibt exzellente Fertigwürzen für die Küche.

Fines Herbes und Bouquets garnis

Fines Herbes nennt man die traditionelle französische Küchenkräutermischung aus getrockneten Würzkräutern. Folgende Arten, auch als die sieben Franzosen bezeichnet, werden aufeinander abgestimmt, gemischt und eventuell im Mörser fein zerstoßen: Basilikum, Majoran, Kerbel, Petersilie, Rosmarin, Schnittlauch, Bohnenkraut. Weitere Kräuter können geschickt hinzugefügt werden. Diese vorzügliche Kräutermischung eignet sich für alle Fleischspeisen, feine Salate, Gemüse und Soßen.
Bouquets garnis sind selbst hergestellte Kräutermischungen für Fleischgerichte aus Majoran, Basilikum, Bohnenkraut, Dost, Rosmarin, Salbei. Zur Zubereitung von Hackfleisch, Hackbraten, Frikadellen sollte man u.a. das Gemisch beimengen, Rindfleisch zum Braten vorher damit einreiben, Steaks nach dem Braten würzen, beim Kochen und Schmoren von Fleisch „Bouquets garnis“ während der Zubereitung hinzugeben. Auch für Fleischsuppen, -brühen und Eintopfgerichte ist diese Kombination hervorragend geeignet.
Bouquets garnis für Suppen sind Mischungen aus: Petersilie, Estragon, Basilikum, Bohnenkraut, Majoran, Thymian. Während des Kochvorgangs der Suppen, z.B. aus Bohnen, Erbsen, Linsen, Kartoffeln, Geflügel, Fleisch und Fisch wird dieses Kräutergemisch beigefügt*.

* **Mischungshilfe.** Die angegebenen Mischungen können wir zunächst mit ungefähr gleichen Anteilen herstellen. Entspricht das Ergebnis nicht der individuellen Geschmacksrichtung, betont man einzelne Kräuterarten, z.B. Petersilie, stärker oder verringert andere, z.B. Bohnenkraut.

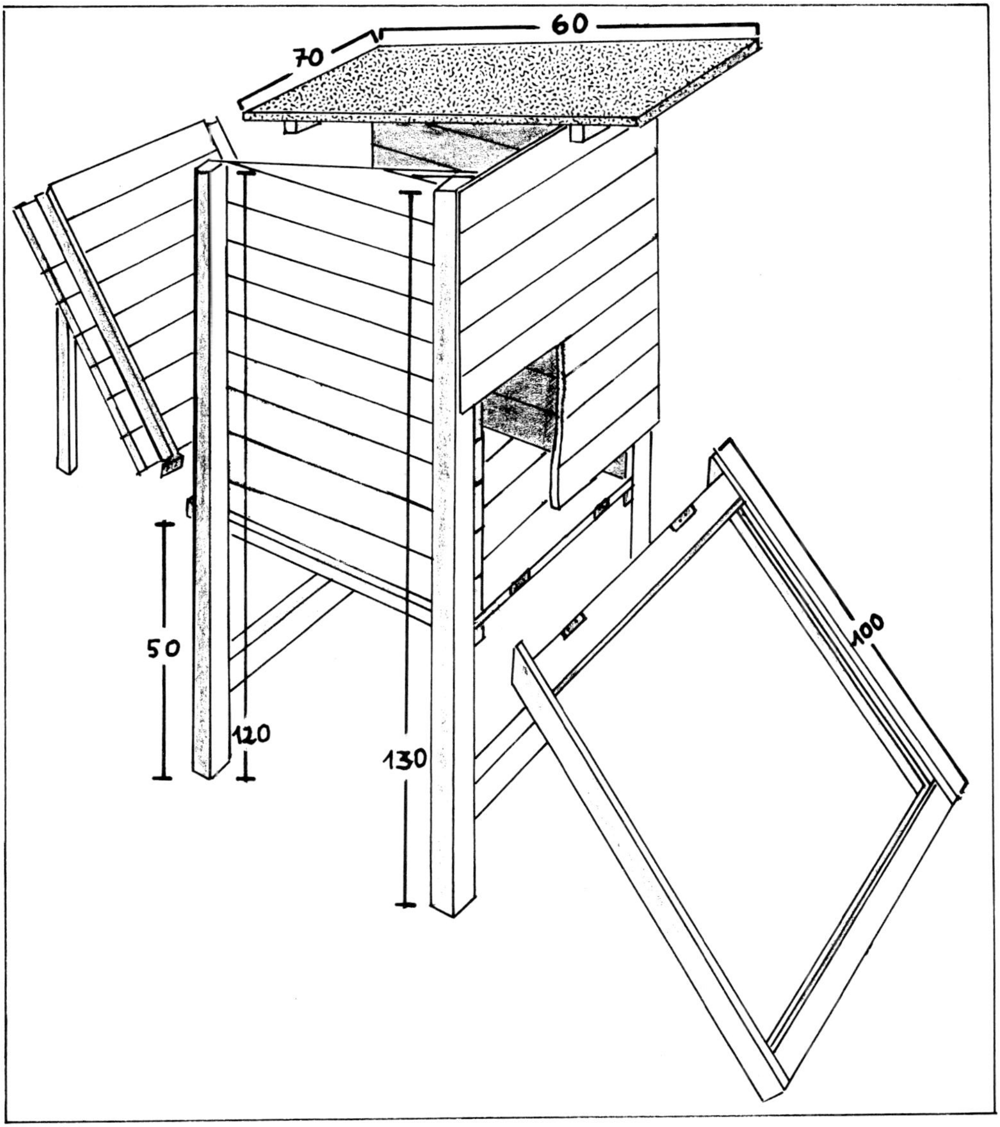

Bild 51. Trockenschrank mit Solarkollektor. Abgeändert nach einer Zeichnung in der Zeitschrift „Selbermachen“ 9/82 und an der Versuchsstation Weilerhof erfolgreich erprobt.

Würzkräuter tiefgefroren

Ist eine Tiefkühltruhe im Haushalt vorhanden, kann das ideale Verfahren des Einfrierens der Würzkräuter für den Wintervorrat bevorzugt empfohlen werden. Vor allem Petersilie, aber auch andere viel benötigte Kräuter, wie Dill, Melisse, Basilikum, Estragon, Thymian und Schnittlauch eignen sich zum Tiefkühlen.
Die Kräuter müssen nach dem Waschen sorgfältig, z.B. zwischen zwei Tüchern abgetrocknet werden, bevor man sie weiterverarbeitet. Zum Einfrieren gibt es verschiedene bewährte Methoden:
Man kann die Kräuter
- zerkleinert in Eiswürfelschalen oder im Würfelgitter mit Wasser einfrieren. Die gefrorenen Würfel lassen sich dann in Gefrierdosen praktisch aufbewahren.
- portionsweise einfrieren, z.B. Petersilie in Alu-Folie, und erst vor Gebrauch in gefrorenem Zustand in der Folie zerdrücken.
- nichtzerkleinert vorgefrieren in doppelten Folienbeuteln, herausnehmen und schnell mit dem Wellholz zerkleinern, in vorgekühlte Gefrierdosen füllen und in den Tiefkühlschrank zurückgeben.

Nach dem Auftauen muß man die Kräuter rasch verwerten, weil sie schnell weich und wässerig werden und an Würzkraft verlieren.

Kräuteressig – aromatisch und dekorativ

Essig wurde schon vor mehr als 5000 Jahren als Speisewürze geschätzt. Er entsteht aus Wein durch Gärung mit Hilfe von Essigbakterien.
Essig mit Kräutern aus dem eigenen Garten aromatisiert, kann den Salaten und Soßen einen besonderen, vorzüglichen Geschmack verleihen. Wird er in einem dekorativen Glasgefäß angerichtet, dient er zugleich auch als interessantes Schmuckstück auf dem Küchenbrett (Bild 48). Für unseren Kräuteressig eignen sich folgende Würzkräuter: Estragon, Dill, Bibernelle, Zitronenmelisse, Minzenarten, Basilikum, Thymian, Lorbeerblätter, aber auch Salbei, Knoblauch, Schnittlauch und Zwiebel.
Die Kräuter, frisch gepflückt, sofort gewaschen und gründlich abgetrocknet, werden geschickt in das Glasgefäß gegeben und danach mit weißem Weinessig aufgefüllt. Durch leichtes Schütteln lösen sich die Luftbläschen von den Kräutern. Das Kräuteressiggefäß muß anschließend dicht verschlossen werden. Je nach gewünschter Aromaintensität bleiben die Kräuter einige Wochen oder mehrere Monate im Essigglas. Nicht weniger ansehnlich sind Kräuteressigflaschen mit nur einer einzigen Kräuterart für Spezialessige, z.B. Dill, Estragon oder Basilikum.
Mit Kräuteressig kann man das Aroma unserer frischen Würzkräuter zur Salatbereitung in den Winter übertragen.

Kennen Sie Kräutergelee?

Erfreulicherweise erinnert man sich heute wieder an Kräutergelees und Kräutermarmeladen aus früheren Zeiten. Durch verschiedene frische Kräuterblätter, z.B. von Rosmarin oder Thymian erhalten Marmeladen und Gelees ein besonderes Aroma. Bevor die Grundmasse richtig kocht, werden die Kräuter zugegeben und nach dem Kochen das Ganze durchgeseiht und in Gläser gefüllt.
Eine andere Methode mit Pfefferminze, Petersilie oder Basilikum als Kräuterzusatz sieht vor, daß mit den Kräutern zunächst ein Tee hergestellt wird, den man anstelle des empfohlenen Wasseranteils zusetzt. Kräutergelees werden im allgemeinen mit Äpfeln als Grundmasse zubereitet. Aromatisiert mit Waldmeister soll es vorzüglich zu Wild schmecken.

Estragongelee zu Fisch und Huhn, rubinrotes Rosmaringelee zu Truthahn und grünes Basilikumgelee zu Hacksteaks.
Besonders attraktiv sind Geleegläser mit eingelegten Kräutern. Für Apfelgelee eignen sich eine Vielzahl von Kräutern, z.B. Duftpelargonien, Salbei, Waldmeister u. a. die nach eigener Geschmacksnote und je nach Verwendungszweck variiert werden können. Thymian gibt man zu Trauben- und Holundergelee, Majoran und Rosmarin zu Citrusfrüchten (Orangen, Zitronen, Grapefruits) und Minzen zu Stachelbeeren.
Beim Herstellen der Kräutergelees legen wir einige Blätter oder Stengel der Kräuter in das Glas und gießen heiße Masse darüber. Die Kräuter bleiben im klaren Gelee erkennbar. Gelees in verschiedenen Farben und mit Kräutereinlagen sind ohne Zweifel eine außergewöhnliche Bereicherung für das Küchenprogramm (Bild 48)

Kräuterauszüge für Hausapotheke und Körperpflege

Kräuteröle
Eines der ältesten Verfahren, die Inhaltsstoffe den Pflanzen zu entziehen, ist die Gewinnung von Kräuterölen. Die Volksmedizin bedient sich gerne der verschiedenen Kräuteröle, weil sie sich leicht selbst herstellen lassen und vielfältig als natürliche Kräutermedizin verwendet werden können. Am bekanntesten sind Pfefferminzöl, Lavendelöl, sich rotfärbendes Johanniskrautöl, Dillöl, Thymianöl, Melissenöl, Rosmarinöl (Bild 48).
Auf einen Liter gutes Speiseöl (bevorzugt wird gerne Olivenöl) gibt man eine Handvoll Kräuter, läßt sie 2–3 Wochen in der Sonne durchziehen und kann danach abseihen. Selbstverständlich wird ein zweiter Ansatz mit Kräutern die Wirksamkeit des gewonnenen Öls erhöhen.
Pflanzenöle eignen sich vor allem zur äußeren Anwendung als Mittel zum Einreiben, dienen aber auch vortrefflich als Badezusätze zum Wohlbefinden und für die natürliche Schönheitspflege.

Flüssige Kräutergeister – als Hausmedizin
Kräutergeist und Kräuterlikör, selbsthergestellte Magenbitter – unsere Großväter sind wahre Könner in der Gewinnung von Kräuterschnäpsen gewesen. Nach einer reichlichen Mahlzeit, bei Magenverstimmung oder vielen anderen Anlässen zeigt der Kräutergeist medizinische Glanzleistungen (Bild 48).
Seine Herstellung ist im Grunde recht einfach. Man verwendet gerne Likör- oder Weinbrandflaschen mit weiter Halsöffnung. Gibt die Kräuter (eine kräftige Handvoll je Liter) hinein und füllt mit klarem Branntwein (mindestens 38%ig) auf. Zugekorkt stellen wir dann die Flasche 2–3 Wochen an einen sonnigen Platz zum Durchziehen. Zwischenzeitlich öfteres Schütteln ist vorteilhaft. Später folgt Abseihen und Abfüllen in trockene Flaschen. Kräutergeist läßt sich süß oder ungesüßt beliebig herstellen. Bevorzugt man Kräuterliköre, wird Zucker in Wasser aufgekocht hinzugefügt. Für Kräuterschnäpse werden folgende Kräuter einzeln oder in Mischungen verwendet:

Zitronenmelisse	Liebstöckel
Minzearten	Enzianwurzel
Johanniskraut	Schlehenfrüchte
Arnika	

Kräuterwein – ein besonderer Kräutergenuß
Am bekanntesten sind Kräuterbowlen, wenn wir einmal an Waldmeister- und Maibowlen denken. Darüber hinaus gibt es mancherlei beliebte Kräuterweine, die dem Wohlgenuß, der Bekömmlichkeit und Gesundung dienen. Für den hausgemachten Kräuterwein nehmen wir einwandfreie Weißweine und geben je Liter eine Handvoll (ca. 30–40 g) der ausgewählten Kräuter in ein Glasgefäß oder irdenen Topf und stellen diese zugedeckt an einen dunklen Platz bei Zimmertemperatur. Nach mehreren

Tagen ist unser Würzwein bereits trinkfertig. Als Kräuter für die selbstgemachten Würzweine eignen sich Waldmeister, Rosmarin, Basilikum, Zitronenmelisse, Wermut (in kleinen Mengen), Minzearten, Salbei und andere Kräuter (Bild 48).

Kräuterpotpourri und Kräuterkissen

Wie mannigfach sind doch die natürlichen Wohlgerüche der Pflanzen, die Düfte von Blättern und Blüten. Kräuterdüfte bewirken ein Gefühl der Entspannung und des Wohlbefindens, die ätherischen Öle der Kräuter regen das Nervensystem an.

Schon vor Jahrtausenden versuchte man in alten Kulturvölkern die Pflanzendüfte des Frühlings und Sommers zu konservieren. In unserem Kulturbereich waren in den vorigen Jahrhunderten Kräuterpotpourris und Kräuterkissen als Duftspender beliebt und verbreitet. Erfreulich ist die Tatsache, daß das Interesse wieder wächst für diese geschätzten Requisiten aus Urgroßmutters Zeiten.

Was ist ein Kräuterpotpourri? Man versteht darunter ein Gemisch aus duftenden Blüten, Blättern und Samen, die, dekorativ in gut verschließbare Gläser eingelegt, mindestens ein Jahr lang ihren Wohlgeruch bewahren. Je nach Bedarf, etwa beim Erwarten lieber Gäste, öffnen wir die Behälter und lassen den zarten Duft des sommerlichen Gartens im Raum verströmen. Selbstverständlich können wir auch nur Blätter oder nur Blüten für das Potpourri verwenden, doch sehen diese dann weniger dekorativ aus.

Die prozentualen Mengen der verwendeten Pflanzenteile richten sich nach der Verfügbarkeit. Je nach der gewünschten Duftnote können die Akzente gesetzt werden. Von den Duftverstärkern verwendet man 2–3 Eßlöffel pro Liter Blatt- und Blütengemisch.

Das Bestreben, Kräuterpotpourris wieder mehr bekannt zu machen und vor allem Gartenfreunden näher zu bringen, wird erleichtert durch neue schonende Trocknungsverfahren, bei denen Blüten- und Blattfarben wesentlich besser erhalten bleiben (Bilder 48, 50).

Kräuterkissen mit bunten Bezügen waren früher beliebte Geschenke für ältere Menschen. Die Kräuterkissen in unterschiedlichen Größen, auch als Schlafrollen, immer aus Naturfaserstoffen gearbeitet, sind gefüllt mit wohlriechenden Kräutern, und zwar neben Heublumen, Thymian, Lavendelblüten, Rosenblüten, Minzearten, Zitronenmelisse, Salbei, Hopfen, etwas Baldrian u. a. aromatische Kräuter in beliebiger Mischung.

Zum besseren Verständnis über den Effekt der Kräuterkissen sei festgestellt, daß durch die

Bewährte Pflanzen für ein Potpourri

Blattmischungen	**Blütenmischungen**	**Luftverstärker als Zusatz**
Basilikum	Duftrosen	Anissamen, zerkleinert
Duftpelargonien	Heliotrop	Gewürznelken, unzerkleinert
Estragon	Holunder	Kardamom, frisch gerieben
Pfefferminze u. a. Minzen	Kamille	Koriander, frisch gerieben
Rosmarin	Kapuzinerkresse	Muskatnuß, frisch gerieben
Salbei	Königskerze	Zimtstangen, zerkleinert
Thymian	Lavendel	Zitrusschalen, getrocknet zerkleinert
Zitronenmelisse	Linde	
Zitronenthymian	Nelke	
Zwillingsmonarde	Ringelblume	
	Ysop	

abgegebene Körperwärme ätherische Öle der Kräuter verflüchtigen und eingeatmet werden. Kräuterkissen wirken beruhigend und können entspannenden Schlaf einleiten, ohne daß Nebenwirkungen zu befürchten sind.
Gibt man noch stärker duftende Kräuter, z.B. Rainfarn und Wermut in das Kräuter-Säckchen, können damit Motten und Fliegen abgewehrt werden.

Duftende Kräutersträuße – frisch und getrocknet

Kräuter mit Blüten- und Fruchtständen, zusammen mit blattduftenden Pflanzen lassen sich zu dekorativen Sträußen binden und bringen so die Wohlgerüche des Kräutergartens in die Wohnung (Bild 52). Wer würde sich nicht über einen bändergeschmückten Biedermeierstrauß aus Kräutern und Gewürzen freuen? Blühende, blattduftende und samentragende Kräuter eignen sich schließlich auch für Kräuterkränze, -girlanden und dekorative Tisch-Arrangements zu den verschiedensten Gelegenheiten.

Bild 52. Mit blühenden Kräutern und Fruchtständen lassen sich reizvolle Duftsträuße zusammenstellen. Foto Burda/Bst

Kräuter bitten zum Tee

Die Kultur fernöstlicher Länder geht vom Tee aus. Cha-no-yu, die Teezeremonie der Japaner wurde zu einer wesentlichen Grundlage zuchtvollen Lebens. Ihr Einfluß ist in allen Bereichen der Kultur des Landes wiederzufinden.
"Make friends with tea", sagen die Engländer. Gemeinsam mit teebegeisterten Ostfriesen in unserem Lande sind sie der Meinung, daß es letztlich auch auf die richtige Atmosphäre beim Teetrinken ankommt, wenn der Tee die gewünschte Wirkung erzielen soll.
Tee soll das Wohlbefinden fördern, soll entspannen oder anregen. Selbstverständlich gilt dies gleichermaßen auch für unsere Kräutertees.
Die bekannte Teewelle in der Bundesrepublik hat eine erfreuliche Entwicklung genommen. Inzwischen wird bei uns nahezu soviel Kräutertee wie Schwarzer Tee getrunken.
Gewiß hat dazu das wachsende Gesundheitsbewußtsein und ein vielfältiges Teeangebot in Reformhäusern und Lebensmittelgeschäften beigetragen. Aber auch das zunehmende Interesse an Kräutern aus dem eigenen Garten, um nach Belieben schmackhafte Kräutertees und Teegetränke selbst herzustellen, ist beachtlich.
Wer sich intensiver mit der Kräuteranwendung befaßt, wird sehr schnell feststellen, daß Kräutertees in vielen Variationen und Geschmacksnuancen zubereitet werden können. Eigentlich gibt es kein köstlicheres und bekömmlicheres Getränk als würziger, aromatischer Kräutertee zu den Mahlzeiten, zur Linderung von Alltagsbeschwerden oder als Durstlöscher an heißen Tagen.

Arzneitee – Haustee – Teegetränke

Bei den Kräuterteezubereitungen unterscheiden wir den medizinischen Kräutertee, also den Arzneitee, vom Haus- oder Familientee mit vielfältigen Möglichkeiten von Kräutermischungen (siehe Seite 105).

Arzneitee oder medizinischer Kräutertee

Medizinischer Tee wird zur Behandlung bestimmter Krankheiten und für Kuren, in der Regel vom Arzt verordnet, angewandt. Der medizinische Kräutertee soll höchstenfalls aus vier verschiedenen Kräuterarten bestehen, zusammengesetzt aus der Grundheilpflanze und einer weiteren Art, die evtl. Heilwirkungen verstärken kann.
Ergänzend dazu können als Füllstoffe, zum Verbessern von Geschmack und Aussehen, zwei weitere Kräuterkomponenten Verwendung finden. Bekannte medizinische Kräutertees sind z.B. Bronchitistee mit Thymian, Herzstärkungstee mit Weißdorn, Gallentee mit Wegwarte und Schafgarbe, gegen Magenverstimmung Wermut, bei Erkältung Holunder, Linde und Salbei und Kamillentee. Hustentee mit Huflattich und zur Nervenberuhigung Baldrian und Melissenkraut. Arzneitee sollten wir begründet in der Apotheke zusammenstellen lassen. Der Fachmann garantiert

für die exakte vorgeschriebene Teezusammensetzung und qualitativ hochwertiges Teegut.

Haustee oder Familientee

Für uns bleibt das weite Feld der Kräuterzubereitung als Haustee zum bekömmlichen Genuß und zur Erhaltung der Gesundheit für die ganze Familie. Es handelt sich im allgemeinen um die bekannten milden Heilmittel Kamille, Minzearten, Melisse, Lindenblüten, Himbeer-, Brombeer- und Erdbeerblätter, Schwarze Johannisbeerblätter, Holunderblüten und Hagebutten, Salbei, Fenchel, Rosmarin, Lavendel, Ringelblume, Schafgarbe, Thymian und Weißdorn sowie um verschiedene Würzkräuter, wie Ysop, Basilikum, Petersilie, Bohnenkraut, Dost, Dill.
Geerntet aus dem Kräutergarten, ergänzt aus der freien Natur, schonend gesammelt und getrocknet, können wir unseren wohlschmekkenden Haustee selbst zusammenstellen.
Bieten Sie doch Ihrem Hausarzt an, daß Sie seine Behandlung durch eigene Kräutertees unterstützen können!

Haustee-Mischungen – Eigene Kräuterkompositionen

Besonders beliebt als Haustee sind Kräutermischungen, zusammengestellt nach eigenem Geschmack, mit ganz persönlicher Note. Verwendet wird er als Morgentee, zu den verschiedenen Mahlzeiten tagsüber, warm oder gekühlt und als Schlummertrunk am Abend.
Aus der breiten Palette der Teekräuter des Gartens, ergänzt durch Sammelkräuter, mischen wir den Familientee und berücksichtigen besondere Bedürfnisse, z.B. zum Vorbeugen vor Erkältungskrankheiten, zur Entspannung, zur besseren Verdauung, zur Unterstützung der Genesung nach Krankheiten. Jedesmal individuell mischen ist allerdings umständlich und erfordert einige Kenntnisse.
Aus Erfahrung wird empfohlen, mit einem Grundtee, etwa $^1/_3$ bis $^1/_2$ der Teemischung, zu beginnen. Dazu können wir Minzearten, wie Pfeffer- und Apfelminze, Kamille, Fenchel, Thymian, Rosmarin, Melisse, Salbei oder Lindenblüten verwenden. Geschmackliche Ergänzungen und farbliche Verbesserungen erreichen wir dann durch weitere Zusätze, z.B. mit Schwarzen Johannisbeerblättern, Holunderblüten, Waldmeister, Apfelschalen, Hagebutten, Malven, Ringelblumen, Königskerzenblüten, Schafgarbe.
Durch die Verschiedenheit der Wirkstoffe (ätherische Öle, Bitter-, Gerb-, Schleimstoffe u.a.) in den Kräutern, kann durch die richtige Zusammenstellung der Mischungen die Wirksamkeit nicht nur addiert, sondern sogar unter Umständen um ein Vielfaches gesteigert werden.
Sinnvoll und zweckmäßig ist es, mehrere Hausteemischungen küchenfertig herzustellen und verständlich zu kennzeichnen. Jetzt braucht man beim Zubereiten nur noch die richtige Dosis zu beachten, und allen Familienmitgliedern kann der Kräuterteeaufguß übertragen werden. Zudem wirkt öfteres Wechseln der Hausteemischungen Eintönigkeit, Überdruß, aber auch Gewöhnung entgegen.

Kalte erfrischende Teegetränke

An heißen Tagen sind kalte Teegetränke ganz vorzügliche Durstlöscher. Als geeignete Kräuter für solche Teegetränke werden z.B. Minzearten, Zitronenmelisse, Brombeerblätter, Fenchel, Hagebutten und Holunderblüten und unsere bewährten Hausteemischungen empfohlen. Die bekanntesten Zusätze für die Sommerteegetränke sind Zitrone und andere Fruchtsäfte, auch Mineralwasser. Nach Aufguß und Abseihen können wir den Tee bereits mit etwas Zucker, Honig oder Süßstoff süßen, kaltstellen und vor dem Servieren mit Säften und kleinen Fruchtstücken oder dünnen Scheiben, z.B. Ananas oder Orangen, sowie Eiswürfeln ergänzen. Mit etwas Geschick und Phantasie lassen sich außergewöhnlich köstliche Getränke für die durstige Gesellschaft herstellen. Probieren Sie einmal Eistee und Kräuterlimonade nach Ihren eigenen Rezepten!

Schwarzer Tee aus Kräutern

Die Bezeichnung Tee ist zu einem Sammelbegriff geworden, abgeleitet vom chinesischen Teestrauch *Thea nigra,* der Schwarze Tee. Bereits 2732 v. Chr. soll der chinesische Kaiser Sheng Nung die anregende Wirkung des Tees entdeckt haben. Schriftliche Hinweise über die chinesische Teebereitung gibt es seit 273 n. Chr., und die Tee-Einfuhr in europäische Länder erfolgte erst ab dem 17. Jh. In der Folgezeit war die Verbreitung des Schwarzen Tees als anregendes Genußmittel in Mitteleuropa beachtlich.

Schwarzer Tee, heute auch vielfältig aromatisiert im Handel angeboten, mit einem Koffein-(Thein-)Gehalt von 2 bis 4%, ist zwar eine leichte Droge, sollte jedoch in den möglichen Auswirkungen nicht unterschätzt werden; Gewöhnung und Anfang für stärkeren Drogenmißbrauch – besonders bei jungen Menschen – sind nicht auszuschließen. Zu häufiger Genuß soll dem Körper Eisen entziehen. Vielfach wird aber auch echter Schwarzer Tee von Kranken schlecht vertragen und bei verschiedenen Leiden, z. B. Schilddrüsenüberfunktion, Magenleiden, Bluthochdruck, sogar ärztlich untersagt. Trotzdem möchte man nicht gerne auf dieses aromatische Teegetränk verzichten. Deshalb wird ersatzweise selbst hergestellter Schwarzer Tee aus Kräutern empfohlen.

Für Schwarzen Kräutertee eignen sich Kräuterarten mit Gerbstoffgehalten, z. B. Brombeer-, Erdbeer-, Himbeer-, Schwarze Johannisbeerblätter.

Dunkle Farbe und würziges Aroma wird durch Fermentieren erreicht. Probieren Sie es einmal selbst aus, und entwickeln Sie Ihr eigenes Herstellungsverfahren. Nach dem Sammeln läßt man die Blätter mindestens einen Tag lang anwelken. Dann werden sie vorteilhaft in einen Steinguttopf geschichtet, jede Schicht mit etwas Wasser befeuchtet, das Ganze mit einem Teller abgedeckt und einem Stein beschwert. Für den Fermentationsprozeß brauchen wir Wärme. Bei etwa 30 °C ist die Fermentation nach 3 Tagen abgeschlossen. Die Blätter sind dann deutlich dunkler gefärbt und riechen würzig nach frischem Tee.

Schließlich folgt das übliche Trocknen. Auf das Rollen der Teeblätter können wir beim Schwarzen Kräutertee verzichten. Geschmacklich kommen fermentierte Brombeerblättertees dem echten Schwarzen Tee am nächsten. Aber warum sollen Sie nicht auch mit anderen gerbstoffhaltigen Kräutern experimentieren, z. B. auch mit Zitronenmelisse, Pfefferminze oder verschiedene Kräuterteearten mischen für einen köstlichen schwarzen Haustee nach eigenem Geschmack?

Warum wir Tee trinken

Warum bereiten wir überhaupt Tee aus Pflanzen? Nun, die Wirkstoffe in den Pflanzen lösen sich im allgemeinen vorzüglich in Wasser und werden – als Tee getrunken – rasch aufgenommen und im Körper verteilt. Bekanntlich sind es im Kräutertee ätherische Öle (z. B. in Kamillen und Minzen), Gerb-, Bitter-, Schleim- und Mineralstoffe, die vielfältig den Organismus beeinflussen.

Tee- und Teegetränke können auch einen Teil des täglichen Flüssigkeitsbedarfs des Menschen abdecken.

Die mittlere Wasseraufnahme und -ausscheidung eines Erwachsenen beträgt 1–1,5 l pro Tag. Der gesunde Organismus reguliert den Flüssigkeitsbedarf über das Durstgefühl. Die Trinkmenge verteilt man am besten über den ganzen Tag. Kaffee und Schwarzer Tee gelten nicht als geeignete Durstlöscher. Sie regen vielmehr die Leistung der Nieren an, es wird mehr Harn abgeschieden und weiteres Durstgefühl erzeugt. Dagegen sind Kräutertees und Teegetränke vortreffliche Durststiller.

Wichtig: Die richtige Teebereitung

Die Zubereitung von Kräutertees ist nicht schwierig, wenn man einige Grundregeln beachtet. Es gilt, die Inhaltsstoffe der Kräuter möglichst behutsam und umfassend herauszulösen, mit Hilfe von Aufgüssen, Abkochungen oder Kaltwasserauszügen.
Der Aufguß, das gebräuchlichste Verfahren, wird z. B. bei allen Kräuterarten mit ätherischen Ölen angewandt. Dazu gibt man die Kräutermenge in die vorgewärmte Teekanne aus Steingut, Porzellan oder Glas (kein Metall!), überbrüht mit kochendem Wasser und läßt das Ganze bedeckt 5–10 Minuten durchziehen. Abgeseiht ist dann der Tee fertig zum Servieren. Auch mit heißer Milch sind Kräuterauszüge möglich. Am bekanntesten ist Pfefferminzmilch am Abend als Schlaftrunk.
Um kleinere Teemengen herzustellen, eignen sich dekorative Porzellan-Teetassen mit Siebeinsatz.
Abkochen ist vorwiegend für Rinden-, Holz- und Wurzeldrogen erforderlich, um schwerer lösliche Inhaltsstoffe freizusetzen. Im allgemeinen gibt man zum Abkochen das zerkleinerte Teematerial in Wasser, erhitzt dieses 15–30 Minuten lang bis zum Kochen, läßt danach 5–10 Minuten ziehen und kann schließlich fertig abseihen.
Kaltauszug wird vor allem für schleimartige Teearten, wie z. B. Baldrian, Huflattich, Stockrose, Königskerze empfohlen. Im Vergleich zum Aufguß verwendet man die doppelte Wassermenge, fügt das gut zerkleinerte Teematerial hinzu und läßt das Ganze 6–12 Stunden stehen. Öfteres Umrühren während dieser Zeit ist vorteilhaft.
Bei kombinierter Zubereitung wird nach dem Kaltauszug mit der Hälfte der Wassermenge die Teemasse nochmals überbrüht, dann werden beide Teile wieder zusammengegeben.
Kaltauszüge sind auch mit Milch möglich. Dafür können auch frischgepflückte Kräuter, z. B. Pfefferminze, Melisse u. a. direkt Verwendung finden. Kleingehackt in Magermilch gegeben, kann schon nach einigen Stunden der Milchkräutertee abgeseiht, leicht gesüßt serviert werden.
Welche Menge? Alle Kräuter haben bei richtiger Ernte und Aufbereitung bestimmte Wirkstoffkonzentrationen und arteigenen Geschmack. Im allgemeinen werden pro Tasse Tee 1–1½ Teelöffel getrocknete Kräuter empfohlen, das ist die Menge, die man zwischen Daumen und Zeigefinger bzw. zwischen Daumen, Zeige- und Mittelfingerspitzen fassen kann.
Auch für den Mischtee, der Blüten, Blätter und Wurzelteile enthält, gilt diese Regel. Ausnahmemengen, z. B. bei der Verwendung von Wermut, werden in Rezepten immer ausdrücklich genannt. Verwendet man frische Kräuter direkt aus dem Garten, brauchen wir dreimal soviel an Pflanzenmasse.
Sollen wir Kräutertee süßen? Echte Kräuterliebhaber lehnen süßende Zusätze ab, weil sie die einzelnen Kräuterarten ungeschmälert herausschmecken und die Aromanuancen genießen wollen. Zweifellos können andererseits dosierte Zugaben von Zucker, Süßstoff oder Alkohol (Rum) manchen Kräutertee süffiger machen. Honig vermag sogar in vielen Fällen die bekannten Heileigenschaften der Teekräuter zu verstärken.

Kräutertee und Tee-Atmosphäre

Soll der Kräutertee schließlich die gewünschte Wirkung erreichen, der Gesundheit dienen und das Wohlbefinden fördern, muß die Umgebung beim Teetrinken stimmen. Wesentlich ist also die richtige Atmosphäre, ein liebevoll gedeckter Tisch, keine Hektik, keine störenden Geräusche. Vielleicht können wir von den Teezeremonien des Fernen Ostens, der Engländer oder der Ostfriesen einiges lernen. Wir sollen nämlich unseren Kräutertee nicht ‚hinunterschütten', sondern Schluck für Schluck langsam trinken und bewußt mit allen Sinnen genießen.

Symbolwerte der Kräuter

Es ist ein Zeichen der Dankbarkeit, daß die Menschen schon in alter Zeit heilkräftigen Pflanzen Symbolwerte verliehen haben. Sinnbildlich sollte Innerliches, Geistiges geäußert werden. So bedeutete Zitronenmelisse Freundschaft und traumhaftes Glück; Rosmarin ist das Symbol der Liebe zweier Menschen. Echte Kamille steht für Freude, Zufriedenheit und Güte; Majoran verheißt Erfolg und Segen, Thymian Mut, Tapferkeit, Ritterlichkeit, Gottvertrauen, Salbei Ruhm und Unsterblichkeit; Ringelblumen sollen Anmut und Schönheit bringen; Minzearten verhelfen zu Klugkeit und klarem Verstand; Malven sind Sinnbild für Schöngeistiges; Lavendel für Reinheit, Treue und Beharrlichkeit; Pfefferkraut (Bohnenkraut) symbolisiert Sinnlichkeit, Basilikum Initiative, Ideenreichtum, Besitzstreben, Wermut dagegen Selbsterkenntnis, Wirklichkeitssinn und Charakterstärke; Borretsch gilt für Fröhlichkeit und Lauterkeit im Denken; Holunder schließlich bedeutet Verehrung und Sinn für Häuslichkeit und Geborgenheit.
Besonders liebenswürdig ist die Empfehlung, unsere Teekräuter nach Symbolgehalten miteinander zu mischen und für jede Gelegenheit ganz persönlich abzustimmen, z.B. mischen Sie Freude und Fröhlichkeit mit Schöngeistigem oder mit Anmut, zusätzlich eine Prise Initiative oder Verehrung. Vielleicht gelingt es, auf diesem Wege neue Freunde zu gewinnen für die Bereitung köstlicher Kräutertees und Teegetränke.

Das Kräuterpraktikum

Kräuterseminare lassen sich interessanter und anschaulicher gestalten, wenn neben der Vermittlung theoretischen Wissens verschiedene Arbeitsvorgänge an praktischen Beispielen gezeigt, einzelne Zubereitungen gemeinsam durchgeführt sowie auch gekostet und bewertet werden können.
In unserem Kräuterpraktikum folgen einige demonstrative überzeugende Anwendungsbeispiele mit frischen und bearbeiteten Kräutern.

Spezialität „Echte Frankfurter Grüne Soße"
Sie besteht aus sieben frisch-geernteten Kräutern (Bild 53): Petersilie, Kresse, Schnittlauch, Borretsch, Kerbel, Sauerampfer, Pimpinelle, die in Fertigpackungen bereits im ausgewogenen Verhältnis gemischt sind. Für eine vierköpfige Familie werden etwa 200 g dieser Kräutermischung gewaschen, abgetrocknet, mit Wiegemesser oder Schnittboy zerkleinert. Im Mixaufsatz der Küchenmaschine lassen sich die Kräuter mit etwas saurer Sahne oder Milch cremig schlagen. Hinzugefügt werden je nach Geschmack noch der Saft einer Zitrone oder etwas Obstessig, 125 g Mayonnaise oder 2 Becher Joghurt, evtl. etwas Salz, Pfeffer, Zucker und Senf. Acht hartgekochte Eier legt man, längs halbiert, schließlich in die fertige Soße und garniert das Ganze mit einigen grünen Kräutern. Dieses wertvolle Gericht wird zu Kartoffeln, kaltem Fleisch oder Fisch mit Toast angeboten.

Bild 53. Kräuter für die „Echte Frankfurter Grüne Soße". Foto M. F. Wetterwald

Kräuterbutter für viele Gelegenheiten
Ungesalzene zimmerwarme Teebutter oder Pflanzenmargarine geben wir mit den feingeschnittenen Kräutern Petersilie, Estragon, Schnittlauch, Dill, Zitronenmelisse, Pimpinelle, Kerbel, Basilikum und etwas Liebstöckel in eine zuvor mit Knoblauch gut ausgeriebene Schüssel, fügen etwas Zitronensaft hinzu und vermischen intensiv mit einem Mixer (Bild 54).
Selbstverständlich formen wir auch im Kräuterpraktikum typische Kräuterbutterrollen in Folien und lassen sie im Kühlschrank erkalten; auch mit Grieben- und Gänseschmalz läßt sich in ähnlicher Weise vielfältig „kräutern" und ein schmackhafter Brotaufstrich herstellen.

Kräuter-Dips für die Abendgesellschaft
Für Kräuter-Dips eignen sich viele aromatische Würzkräuter in beliebigen Mischungen. Im Kräuterpraktikum nehmen wir 500 g Quark, 1/2 Becher Sahne, und rühren mit heißem Wasser eine cremige Masse an; schneiden die Kräuter, z.B. Basilikum, Knoblauchgrün, Portulak, Kresse, Dill, möglichst klein, fügen zwei gehäutete, würfelig geschnittene Tomaten hinzu und schmecken mit den Grundgewürzen Paprika und Kräuteressig ab.

Kräutermilch gegen Konditionsschwäche
In einen Liter kalter Milch oder Buttermilch geben wir folgende vorbereitete Kräuter (insgesamt 4–5 Eßlöffel): Estragon, Dill, Borretsch, Kerbel, Petersilie, etwas Sellerieblätter, Zitronenmelisse und Tripmadam, mixen und füllen in Bechergläser.

Apfelsaft mit Minze zur Erfrischung
Eine halbe Handvoll frischer Pfefferminze

kleinschneiden, mit etwas Zitronensaft in einen Liter Apfelsaft geben und mehrere Stunden ziehen lassen. Mit einem kleinen Minzezweig garniert, servieren wir dieses erfrischende Getränk.

Darmstädter, würziges Kräuter-Fladenbrot
Die Darmstädter Kräuter-Praktikanten backen ihre Kräuterfladen nach folgendem Rezept:
200 g Maismehl mit $^1/_2$ Liter kochendem Wasser überbrühen, glattrühren, quellen und abkühlen lassen. 1 Prise Salz, 1 Päckchen Hefe, 1 Teelöffel Zucker, anrühren, 400 g Mehl dazugeben und 1 Eßlöffel Öl darunterschlagen, den Teig heftig und lange kneten, warmstellen und gehenlassen, dann zu Fladen ausrollen. Knoblauchzehen und Zweige von Rosmarin, Thymian, Basilikum einstecken, nochmals gehenlassen, mit Öl bestreichen und bei 225°C ca. 15 Minuten backen. Versuchen Sie es einmal in ähnlicher Weise mit Kräuterbrötchen oder bereiten Sie sich eine außergewöhnliche Kräuter-Pizza.

Kräuteröl à la Provence für Salate
1 Liter Olivenöl wird angesetzt mit 1 Eßlöffel in Scheiben geschnittenem Knoblauch, 1 Eßlöffel Rosmarin, Thymian, Bohnenkraut und Majoran, 1 Teelöffel Pfefferkörner und etwas Salz; 10 Tage an einem warmen Platz ziehen lassen, filtern und in eine dekorative Flasche füllen (Bild 48). Dieses Kräuteröl hält sich zwei Jahre.

Gewürzmischungen für Pizza, Risotto und Spaghetti
Zu gleichen Teilen werden Oregano (Dost), Thymian, Rosmarin, Salbei, Bohnenkraut und Basilikum gemischt, im Mörser zerrieben; etwas Pfeffer wird zugegeben. Diese typisch italienische Kräutermischung eignet sich vorzüglich nicht nur für die Zubereitung von Pizzas, Risotto und Spaghetti, sondern auch zum Würzen von Hackfleisch und anderen Fleischgerichten.

Stärkende Kräuter für die Wintermonate
Zur Erhaltung der Leistungsfähigkeit und Stärkung der körpereigenen Abwehrkräfte stellen wir uns eigene Kräutermischungen zusammen, die wir den täglichen Gerichten zusetzen oder auch zur Teebereitung verwenden können.
Die Mischungen können wir nach Belieben variieren; sie enthalten getrocknete Kräuter von Rosmarin, Thymian, Minzearten, Kümmel, Petersilie, Schafgarbe und Sellerieblätter.

Zusammenfassend läßt sich feststellen, das Werken mit Kräutern ist in einem Kräuterpraktikum mannigfaltig möglich. Am praktischen Beispiel lernt man auch, wie Kräutergeist, -essig, -wein oder -gelee im eigenen Haushalt hergestellt werden können, wie wir richtig Kräutertee für die ganze Familie zubereiten oder die sommerlichen Kräuterdüfte in Potpourris und Kräuterkissen für den Winter konservieren.
Der praktische Umgang mit Heil- und Würzpflanzen – und vor allem die Ergebnisse der Übungen – vertiefen das Wissen über die heilenden und würzenden Eigenschaften der Kräuter. Sie überzeugen den einzelnen und animieren ihn, Kräuterkulturen und sinnvolle Verwertung im eigenen Wirkungsbereich mit neuen Anregungen weiterzuentwickeln.

Bild 54. Kleingeschnittene Kräuter ergeben mit Butter eine schmackhafte Kräuterbutter. Foto Dr. Jesse

Das Kräuterkabinett

Die bekanntesten Arznei-, Duft- und Würzpflanzen für unsere Kräutergärten

Deutscher Name	Botanischer Name	Pflanzenfamilie	A = Arznei- D = Duft- W = Würzpflanze
Einjährige Kräuterarten			
Anis	*Pimpinella anisum*	Doldenblütler	W, D, A
Basilikum	*Ocimum basilicum*	Lippenblütler	W
Bohnenkraut	*Satureja hortensis*	Lippenblütler	W, A
Borretsch	*Borago officinalis*	Boretschgewächse	W
Brunnenkresse	*Nasturtium officinale*	Kreuzblütler	A, W
Dill	*Anethum graveolens*	Doldenblütler	W, A
Gartenkresse	*Lepidium sativum*	Kreuzblütler	W
Kapuzinerkresse	*Tropaeolum majus*	Kapuzinerkressegewächse	W
Kamille	*Matricaria chamomilla*	Korbblütler	A, D
Kerbel	*Anthriscus cerefolium*	Doldenblütler	W
Koriander	*Coriandrum sativum*	Doldenblütler	W
Lein	*Linum usitatissimum*	Leingewächse	A
Majoran	*Origanum majorana*	Lippenblütler	W, D, A
Paprika	*Capsicum annuum*	Nachtschattengewächse	W
Portulak	*Portulaca oleracea*	Portulakgewächse	W
Ringelblume	*Calendula officinalis*	Korbblütler	A
Senf	*Sinapis alba*	Kreuzblütler	W
Zweijährige Käuterarten			
Barbarakraut	*Barbarea vulgaris*	Kreuzblütler	W
Eiskraut	*Mesembryanthemum crystallinum*	Mittagsblumengewächse	W
Engelwurz	*Angelica archangelica*	Doldenblütler	W
Kreuzkümmel	*Cuminum cyminum*	Doldenblütler	W
Kümmel	*Carum carvi*	Doldenblütler	W, A
Löffelkraut	*Cochlearia officinalis*	Kreuzblütler	W
Petersilie	*Petroselinum crispum*	Doldenblütler	W
Zwiebelartige und lauchartige Pflanzen			
Knoblauch	*Allium sativum*		W, A
Schnittlauch	*Allium schoenoprasum*		W
Lauch	*Allium porrum*		W
Luftzwiebel	*Allium cepa var. viviparum*	Liliengewächse	W
Schalotten	*Allium ascalonicum*		W
Speisezwiebel	*Allium cepa*		W
Winterheckzwiebel	*Allium fistolosum*		W

Wuchshöhe in cm	Platzbedarf Samen/m² Portion/m²	Reihenabstand in cm	Erntezeit (Monate)	Verwendete Pflanzenteile	Besondere Merkmale BI*, BG*, FNI*
30– 80	2,5 g	30x30	VI–IX	Kraut, Samen	
15– 60	0,05 g	30x30	VI–VIII	Kraut, Blätter	BI
– 40	2,0 g	20x25	VI–IX	Kraut	BI
– 80	0,5 g	50x30	V–IX	Blätter, Blüten	BI, FNI
10– 80	1 Port.	10x20	V–IX	Kraut	
50–120	2,0 g	25x30	VI–IX	Blätter, Samen	FNI
30– 50	10 g	10	IV–XI	Kraut	
– 30	1 Port.	10x20	VI–IX	Samen, Blätter, Blüte	
20– 50	0,3 g	30	V–X	Blüten	BG, FNI
30– 50	1 Port.	30	V–X	Kraut	FNI
30– 70	1 Port.	30x10	VIII	Samen	
20–100	0,8 g	Breitsaat	VIII	Samen	
– 50	1 Port.	20x15	VII–IX	Kraut	BI
– 60	10	30x30	VII–VIII	Frucht	
15– 30	10 g	Breitsaat	V–IX	Blätter	
30– 50	1,2 g	Breitsaat	VI–VIII	Blüten	BG, BI
–120	1,2 g	20x25	V–VIII	Blätter, Samen	BG
30– 60	1 Port.	Breitsaat	V–VII	Blätter	
kriechend	1 Port.	Breitsaat	V–IX	Blätter	
30–250	3 Pfl.	50x60	VI–X	Blätter, Stengel, Wurzel	
10– 15	1 Port.	30x20	VIII–IX	Früchte	
30– 60	1 Port.	30x35	V–IX	Früchte	FNI
20– 30	1 Port.	Breitsaat	I–XII	Blätter	
–120	0,5 g	20x15	IV–XII	Kraut	FNI
60– 90	50 g	10x20	VII–IX	Zwiebel	
20– 30	20 g	8–10 St.	IV–X	Kraut	
–150	1,5 g	30x15	VIII–V	Kraut	BG
60–120	1,5 g	15x20	X–XII	Zwiebel, Kraut	
50– 80	1,5 g	15x20	IV–XI	Zwiebel, Kraut	
60–120	1,5 g	15x20	VII–IX	Zwiebel	
60–120	2 g	15x20	II–XII	Kraut	

* BI Bienen- und Insektenweide; BG Bodengesundende Pflanzen; FNI Futterpflanzen für Nützlinge und seltene Insekten

Die bekanntesten Arznei-, Duft- und Würzpflanzen für unsere Kräutergärten (Fortsetzung)

Deutscher Name	Botanischer Name	Pflanzenfamilie	A = Arznei- D = Duft- W = Würzpflanze
Mehrjährige Stauden und strauchartige Pflanzen			
Alant	*Inula helenium*	Korbblütler	A
Andorn	*Marrubium vulgare*	Lippenblütler	A
Arnika	*Arnica montana*	Korbblütler	A
Beifuß	*Artemisia vulgaris*	Korbblütler	W, A
Beinwell	*Symphytum officinale*	Boretschgewächse	A (W)
Berg-Bohnenkraut	*Satureja montana*	Lippenblütler	W, A
Dost/Origano	*Origanum vulgare*	Lippenblütler	W, D, A
Eberesche	*Sorbus aucuparia*	Rosengewächse	A
Eberraute	*Artemisia abrotanum*	Korbblütler	W, A
Eibisch	*Althaea officinalis*	Malvengewächse	A
Enzian, gelber	*Gentiana lutea*	Enziangewächse	A
Estragon	*Artemisia dracunculus*	Korbblütler	W, D, A
Fenchel	*Foeniculum vulgare*	Doldenblütler	A, W
Goldmelisse	*Monarda didyma*	Lippenblütler	A
Heiligenkraut	*Santolina chamaecyparissus*	Korbblütler	A
Herzgespann	*Leonurus cardiaca*	Lippenblütler	A
Holunder, schwarz	*Sambucus nigra*	Geißblattgewächse	A
Johanniskraut	*Hypericum perforatum*	Johanniskrautgewächse	A
Katzenminze	*Nepeta cataria*	Lippenblütler	A, D, (W)
Lavendel	*Lavandula angustifolia*	Lippenblütler	A, W, D
Liebstöckel	*Levisticum officinale*	Doldenblütler	W
Malve	*Malva silvestris*	Malvengewächse	A
Meerrettich	*Armoracia rusticana*	Kreuzblütler	A, W
Minzearten	*Mentha*-Arten	Lippenblütler	A, W, D
Pimpinelle	*Sanguisorba minor*	Rosengewächse	W
Rhabarber, med.	*Rheum palmatum*	Knöterichgewächse	A
Rosmarin	*Rosmarinus officinalis*	Lippenblütler	A, W, D
Salbei	*Salvia officinalis*	Lippenblütler	A, W, D
Sanddorn	*Hippophae rhamnoides*	Ölweidengewächse	A
Sauerampfer	*Rumex acetosa*	Knöterichgewächse	W
Stiefmütterchen	*Viola tricolor*	Veilchengewächse	A
Tripmadam	*Sedum reflexum*	Dickblattgewächse	W
Thymian	*Thymus vulgaris*	Lippenblütler	A, W, D
Waldmeister	*Asperula odorata*	Rötegewächse	A, D, W
Weinraute	*Ruta graveolens*	Rautengewächse	W, D, A
Weißdorn	*Crataegus monogyna*	Rosengewächse	A
Wermut	*Artemisia absinthum*	Korbblütler	A, (W)
Ysop	*Hyssopus officinalis*	Lippenblütler	A, W, D
Zitronenmelisse	*Melissa officinalis*	Lippenblütler	A, W, D
Fremdländische Pflanzenarten nur für Sommernutzung			
Lorbeer	*Laurus nobilis*	Lorbeergewächse	W, D, A
Myrte	*Myrtus communis*	Myrtengewächse	W, A
Pelargonienarten	*Pelargonium*-Arten	Storchschnabelgewächse	D, W
Zitronenstrauch	*Lippia triphylla*	Eisenkrautgewächse	D, W

Wuchshöhe in cm	Platzbedarf Samen/m² Portion/m²	Reihenabstand in cm	Erntezeit (Monate)	Verwendete Pflanzenteile	Besondere Merkmale Bl*, BG*, FNI*
– 200	1–2	70x40	X–XI	Wurzeln	
30– 70	1–2	50x50	VII–VIII	Kraut	Bl
20– 30	1 Port.	20x15	VII–XI	Blüten, Wurzeln	
50– 150	2	50x20	VI–X	Kraut	FNI
30– 80	2	50x50	IV–VI	Blätter	Bl
30– 50	3	25x30	V–VII	Kraut	Bl
20– 50	4	25x25	VII–X	Kraut	Bl
1000–1600		–	VI–IX	Frucht	
80– 100	2–3	40x30	IX–X	Kraut	
60– 150	3	30x40	V–XI	Blätter, Blüten, Wurzeln	
50– 150	5	50x40	IX–XI	Wurzeln	
60– 150	2–3	40x60	V–IX	Kraut	
80– 200	1,5 g	40x25	VIII–IX	Kraut, Samen	Bl, FNI
50– 90	4	50x50	VII–IX	Blüten, Blätter	Bl
20– 50	8	30x40	VII–IX	Blätter, Kraut, Blüten	
60– 100	1–2	50x60	VI–IX	Kraut	Bl
– 700		–	VI–X	Blüten, Blätter, Früchte	FNI
25– 90	5–6	25x25	VII–IX	Kraut, Blüten	FNI
50– 90	6–8	30x30	VII–VIII	Blätter	Bl
30– 60	5–6	30x40	VII–VIII	Blüten, Kraut	Bl
– 180	1–2	50x50	V–X	Wurzeln, Blätter, Kraut	
80– 100	3–4	40x30	VII–IX	Wurzeln, Blätter, Blüten	
– 120	4–5	30x70	XII–III	Wurzeln	FNI
40– 80	4–5	30x40	VI–X	Kraut, Blätter	Bl, FNI
30– 60	3–4	30x30	V–X	Kraut	FNI
– 100	1	100x100	IX–X	Wurzeln	
50– 150	2–3	50x50	IV–VI	Blätter	Bl
40– 70	1,5 g	50x30	VI–X	Blätter, Kraut	Bl, FNI
– 300		–	VIII–IX	Früchte	
30– 80	2 g	15x25	IV–XI	Blätter	
– 30	1 Port.	25x25	V–IX	Kraut	
– 20	4	Breitsaat	IV–X	Blätter	Bl, FNI
– 30	6	50x20	V–VII	Kraut	Bl
10– 30	1 Port.	Breitsaat	III–IX	Kraut	
30– 90	6	40x30	VI–VIII	Kraut	
100– 300		–	V–VIII	Blüten, Früchte	FNI
– 100	1–2	50x40	V–VIII	Kraut	
45– 60	5	50x20	VI–VII	Kraut	Bl
50– 100	3	40x40	VII–X	Kraut	Bl, FNI
–1000	1	–	I–XII	Blätter	
100– 250	1	–	I–XII	Kraut	
60– 90	1–2	–	V–X	Blätter	
180– 300	2–3	–	V–X	Kraut	

* Bl Bienen- und Insektenweide; BG Bodengesundende Pflanzen; FNI Futterpflanzen für Nützlinge und seltene Insekten

Heilkräftige Unkräuter unserer Gärten

Wildpflanzen-(Unkraut-)Art Deutscher Name	Botanischer Name	Einj. ⊙ Mehrj. ♃	Ernte/ Sammelzeit	Sammelgut	Heilanzeigen
Ackerschachtelhalm	*Equisetum arvense*	♃	VI–VII	Kraut	Rheuma, Gicht, Durchblutungsstörungen
Augentrost	*Euphrasia officinalis*	⊙	VII–X	Kraut	Augenentzündungen, Verdauungsstörungen, Husten und Schnupfen
Berufskraut, Kan.	*Conyza canadensis (Erigeron c.)*	⊙	VI–X	Kraut	Blutstillend, gegen Durchfall, entzündungshemmend, harntreibend
Eisenkraut	*Verbena officinalis*	⊙	VII–X	Kraut	Bronchitis, Gicht, Rheuma, Blutarmut, nerv. Kopfschmerzen
Erdrauch	*Fumaria officinalis*	⊙	V–VII	Kraut	Gallenweg Erkrankungen, Verstopfung
Gänsefingerkraut	*Potentilla anserina*	♃	V–IX	Kraut	Magenkatarrh, Durchfall, Menstruationsbeschwerden, Rheuma
Gundermann	*Glecoma hederacea*	♃	III–V	Kraut	Bronchialerkrankungen, harntreibend, wundheilend
Hauhechel	*Ononis spinosa*	♃	IX–X	Wurzel	Blasenleiden, Rheuma, Gallen- und Nierensteine
Hederich	*Raphanus raphanistrum*	⊙	IV–IX	Kraut Samen	Bronchialkatarrh, Heiserkeit, Verdauungsbeschwerden, Gelbsucht
Hirtentäschel	*Capsella bursa pastoris*	⊙	III–IX	Kraut	Blutungen, Nierenkrankheiten, Hämorrhoiden
Hohlzahn	*Galeopsis ochroleuca*	⊙	VII–X	Kraut	Bronchitis, Blutarmut, Milzschwellungen, mineralsalzzuführend
Huflattich	*Tussilago farfara*	♃	IV–VI	Blätter	Reizhusten, Bronchitis, entzündete Wunden
Kamille, Echte	*Matricaria chamomilla*	⊙	V–VII	Blüte	Entzündungen, Blähungen, Menstruationsbeschwerden, schmerzstillend, schweißtreibend
Kamille, Römische	*Anthemis nobilis*	♃	VI–X	Blüte	fiebersenkend, krampflösend, magenwirksam, verdauungsfördernd
Labkräuter	*Galium aparine* *Galium verum*	⊙	V–IX	Kraut	harn- und gallentreibend, krampf- und schleimlösend, wundheilend, fiebersenkend

Löwenzahn	*Taraxacum officinalis*	⊙	III–X	Wurzel, Blätter	gestörte Galle-, Leber- und Nierenfunktion, chronisches Rheuma, blutreinigend, appetitanregend
Lungenkraut	*Pulmonaria officinalis*	♃	VII–VIII	Blätter	Lungenkrankheiten, Husten, Grippe, Bronchitis, Darm-, Nieren- und Blasenleiden
Malve, wilde	*Malva silvestris*	♃	VII–VIII	Wurzel, Kraut	Husten, Heiserkeit, Bronchitis, Angina, abführend
Nelkenwurz	*Geum urbanum*	♃	V–IX	Blätter, Wurzel	Zahnfleischerkrankungen, Zahnschmerzen, Menstruations- und Stoffwechselstörungen, Rheuma, Darmkatarrh
Odermennig	*Agrimonia eupatoria*	♃	VI–IX	Blüte, Blätter	Magen- und Leberleiden, Rheuma- und Hautleiden
Quecken	*Agropyron repens* syn. *Triticum r.*	♃	VI–VII	Kraut, Wurzel	Gicht, Rheuma, Gallen-, Milz- und Lebererkrankungen, Störungen des Verdauungsapparates, Kreislauf
Quendel	*Thymus serpyllum*	♃	VI–X	Kraut	Bronchialkatarrh, Reizhusten, Magen- und Darmkatarrh, Unterleibskrämpfe
Ruprechtskraut	*Geranium robertianum*	⊙	VI–IX	Kraut	harntreibend, krampflösend, blutstillend, wundheilend, gegen Durchfall
Schafgarbe	*Achillea millefolium*	♃	VI–IX	Blüte, Blätter	Frauenbeschwerden, Magen-, Galle- und Darmbeschwerden, Appetitlosigkeit
Spitzwegerich	*Plantago lanceolata*	♃	IV–VI	Blätter	Husten, Keuchhusten, Bronchitis, Leberleiden, Durchfall, Blasenschwäche
Stiefmütterchen	*Viola tricolor*	⊙	V–VIII	Kraut	Hautunreinheiten, trockener Husten
Taubnessel, weiße	*Lamium alba*	♃	V–VIII	Blüten, Blätter	Frauenbeschwerden, Hautausschläge, Harn- und Blasenbeschwerden
Vogelmiere	*Stellaria media*	⊙	IV–VII	Kraut	Rheuma, Gicht- und Gelenkleiden, Blutungen, Entzündungen der Atemwege
Wegwarte	*Cichorium intybus*	♃	VII–IX	Blätter, Wurzel	Galle- und Leberbeschwerden, Appetitlosigkeit

Vielseitiges Programm für die eigene Kräuterverwertung

	Rohkost	Salate	Gemüsegerichte	Kartoffelgerichte	Fleisch	Wild	Fisch	Suppen	Soßen	Brotaufstrich	Kräutertee	Kräuteressig	Kräuterwein	Kräutergeist	Kräuteröle
Anis			x								x			x	
Basilikum	x	x	x	x	x			x	x			x	x		x
Beifuß			x		x										
Bohnenkrautarten			x	x	x		x	x			x				x
Borretsch	x	x	x							x	x				
Dill	x	x	x		x		x	x	x	x	x	x			x
Eberraute		x			x				x		x	x	x		
Estragon	x	x	x		x	x		x	x		x	x	x	x	
Fenchel		x					x		x		x				x
Kressearten	x	x						x	x	x					
Kamille											x				x
Kerbel	x		x		x			x	x	x					
Knoblauch		x	x	x	x	x		x	x			x			x
Koriander	(x)	x			x	x									
Kümmel	x	x	x	x	x				x					x	x
Lavendel							x		x		x				x
Liebstöckel			x	x	x			x	x					(x)	
Majoran/Dost	(x)	(x)	x	x	x			x	x	x	x	x			x
Meerrettich	x	x			x	x	x		x						
Minzearten	(x)	x			(x)			(x)			x	x	x	x	x
Paprika	x	x	x	x	x	x		x	x						
Petersilie	x	x	x	x	x		x	x	x	x	(x)				
Pimpinelle	x	x			x	x		x				x			
Portulak	x	x	x			x		x	x	x					
Rosmarin	(x)	x	x	x	x	x	x	x	x		x	x	x	x	x
Salbei			x	x	x	x	x		x		x	x	x		
Sauerampfer	x	x	x					x	x	x					
Schnittlauch	x	x	x	x	x			x	x	x					
Sellerieblätter	(x)	x	x	x	x		x	x	x		(x)				
Thymian	(x)	x	x	x	x			x	x	x	x	x	x	x	x
Tripmadam	x	x						x		x		x			
Weinraute			x	(x)	x		x	x	x			x	x		
Wermut					(x)	(x)					x		(x)	(x)	x
Ysop	(x)	(x)	x	x	x			x	x		x		x		
Zitronenmelisse	x	x	x		x	x	x		x	(x)	x	x	x	x	x
Zwiebel	x	x	x	x	x	x	x	x	x	x		x			

(x) nur sparsam verwenden

Die Kräutertees – Einteilung und Zubereitung

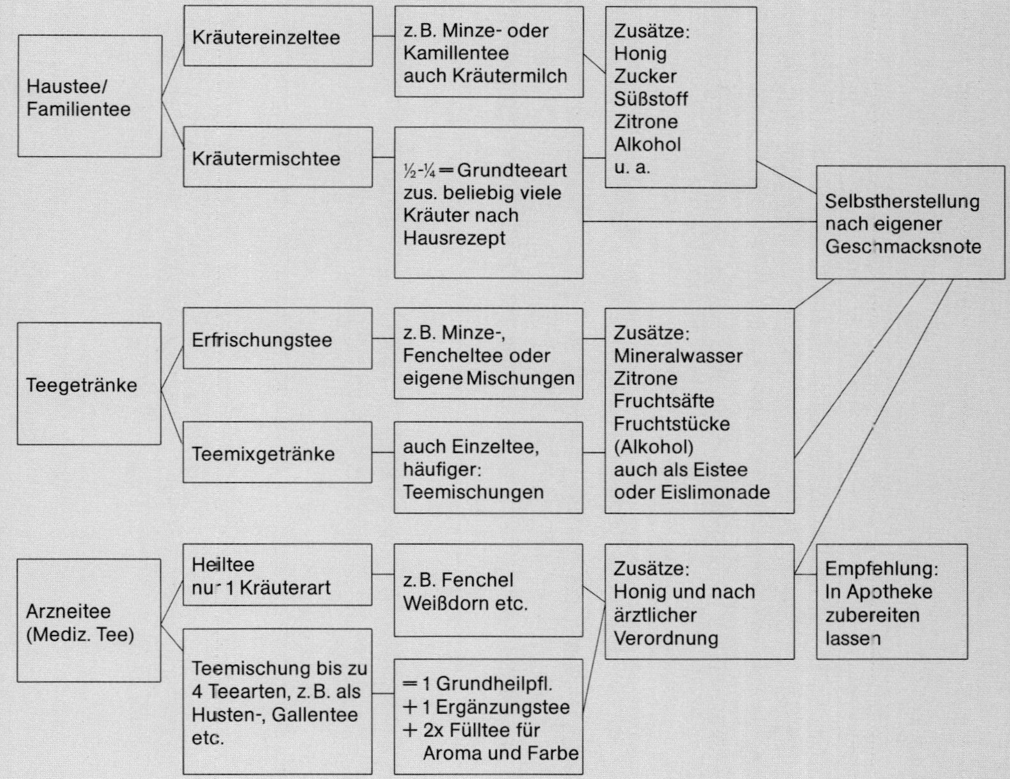

Kräuter für die Hausapotheke

Kräuterart:	Heilanzeigen	Anwendung	Empfohlene Tagesdosis
Holunder	Erkältungen, Grippe, Gicht, Rheuma; schweißtreibend	Teeaufguß von Blüten: 1 Teel./Tasse Beerentee: 1 Teel./Tasse Blättertee: 1 Teel./Tasse	Blütentee: 3–5 Tassen Beerentee: 3 Tassen Blättertee: 2 Tassen
Johanniskraut	Krämpfe, Nieren-, Blasen-, Leberleiden, Durchfall, Blähungen, Ischias, Rheuma; nervenstärkend, Fotosensibilität	Teeaufguß: 2–4 g/Tasse	2 Tassen (schluckweise)
Kamille	Erkältungen, Entzündungen, Geschwüre, Wunden, Nervenschmerzen, Magen, Darmkatarrh, Blähungen, Unterleibsleiden	Teeaufguß: 2 Teelöffel/Tasse Inhalation	3 Tassen mehrmals inhalieren, Rollkur 4–6 Wochen
Linde	Erkältungen (Husten, Verschleimung) Blähungen, Krämpfe, Magen-Darm-Blasenkatarrh	Teeaufguß: 1 Teelöffel/Tasse (mit Honig süßen)	3 Tassen
Melisse	Nervöse Störungen, Schlaflosigkeit, Migräne, Krämpfe	Teeaufguß: 3–5 g/Tasse	1 Tasse morgens 1 Tasse abends
Minzearten (insb. Pfefferminze)	Magen-Darmkatarrh, Verdauungsschwäche, Blähungen, Husten, Verschleimung; gallefördernd; ferner Neuralgien, Rheuma, Kopfschmerzen	Teeaufguß: 4–5 g/Tasse Öl zum Einreiben	2–3 Tassen, nicht länger als 2–3 Wochen hintereinander; Öl nach Gebrauchsempfehlung
Rosmarin	Magen-, Leber-, Nierenleiden, chronische Hautausschläge; schweißtreibend, anregend	Teeaufguß: 1–2 g/Tasse	2 Tassen, früh und abends schluckweise
Salbei	Allgemeine Schwächezustände, Schmerzen aller Art, Nachtschweiß	Teeaufguß: 1 g/Tasse Spülen bei Mundentzündungen	2 Tassen, je eine morgens und abends

Schafgarbe	Magen- und Bauchschmerzen, Übelkeit, Kopfschmerzen; kreislaufstärkend	Teeaufguß: 3–6 g/Tasse	2–3 Tassen
Tausendgüldenkraut	Magenschwäche, Verdauungsstörungen, Leber-, Gallen-, Blasenleiden, Wunden, Geschwüre, Hautleiden; zur Blutreinigung	Teeaufguß: 1 Teelöffel/Tasse auch Kaltauszug	2 Tassen schluckweise über Tag verteilt trinken
Thymian	Bronchitis, Magen-Leber-Gallenleiden, Erkältungen	Teeaufguß: 2–4 g/Tasse Spülungen, Gurgeln	2 Tassen (schluckweise tagsüber)
Wegericharten (Spitzwegerich)	Husten, Heiserkeit, Chronische Katarrhe, Durchfall; für Wunden Preßsaft	Teeaufguß: 1 Teelöffel/Tasse zerquetschte Blätter als Auflage; Preßsaft	3 Tassen Auflagen mehrmals täglich
Wermut	Magenverstimmung, Leber-Gallenleiden, Appetitlosigkeit, Blähungen	Teeaufguß Wein: 15–20 g/0,7 Ltr. Wein	2 Tassen tagsüber verteilt; 1 Likörglas Wein

Bezugsquellen

(sofern im örtlichen Fachhandel nicht erhältlich)

Kräuter-Jungpflanzen
Fa. Blauetikett
Bornträger und Schlemmer
Postfach 5
6521 Offstein

Institut (INTIP) für naturgerechte Tier- und Pflanzenanzucht
Waldweg 18
5377 Dahlem-Frauenkron

Fa. Heinz Schenk, Gartenbau
Homburger Landstraße 889
6000 Frankfurt-Niedereschbach

Saatgut
Fa. L. C. Nungesser, Saatzucht
Bismarckstraße 59
6100 Darmstadt

Fa. Sperling, Saatzucht
2120 Lüneburg

J. Wagner, Saatzucht
Postfach 105880
6900 Heidelberg

Weiterführende Literatur

AICHELE, D., Was blüht denn da? Kosmos Verlag, Stuttgart 1984

BOCKSCH, M., BOTT, I., ZUCCHI, H., Das Öko-Kräuterbuch. S. Fischer Verlag, Frankfurt 1983

DELAVEAU, P. u.a., Geheimnisse und Heilkräfte der Pflanzen. Verlag Das Beste, Zürich

ENCKE, F., SCHILLER, H., Dachgärten, Terrassen und Balkone. Ulmer Verlag, Stuttgart 1975

GUGENHAN, Gewürzkräuter. Kosmos Verlag, Stuttgart 1980

GUTTMANN, R., Hausbegrünung. Kosmos Verlag, Stuttgart 1985

LAUNERT, E., Der Kosmosführer: Wildkräuter, Kosmos Verlag, Stuttgart 1982

LAUX, H. u. H., Schön und gesund durch heilende Kräuter. Kosmos Verlag, Stuttgart 1984

PLENZAT, F., Duftende Pflanzen in Garten und Haus. Selbstverlag Christel Plenzat, Frankfurt 1980

Sachregister

Alant 65, 100
Alkaloide 12
Alternativer Kräuteranbau 17, 35, 52
Ampelbepflanzung 29, 41
Andorn 65, 100
Anis 54, 98, 104
Annuelle Pflanzen 8, 98
Anzeigerpflanzen 78
Apothekernamen 11
Arnika 65, 100
Aromatische Kräuter 47
Artnamen 9
Arzneitee 90

Balkon-Kräutergärten 40
Bankbeete 23, 26, 38
Barbarakraut 60, 98
Basilikum 30, 54, 98, 104
Bauerngärten 32
Beetgärten 17
Beifuß 65, 100, 104
Beinwell 52, 66, 100
Bergbohnenkraut 51, 67, 100
Berner Konvention 7
Bienenweidepflanzen 8, 78
Bienne Pflanzen 8
Binäre Nomenklatur 8
Bitterstoffe 12
Blattdufter 47
Blindengärten 26
Bohnenkraut 30, 54, 98, 104
Bonsai-Kräuterkultur 48
Borretsch 30, 55, 80, 98, 104
Botanische Namen 9
Bouquets garnis 84
Brotaufstrich 104
Brunnenkresse 56, 98
Burggärten 14

Capitulare de villis 14

Dachkräutergärten 28, 38, 40
Diätgerichte 81
Dill 31, 98, 104
Dost 40, 67, 100, 104
Drogen 11
Duftkennzeichnung 13
Duftpfade 48
Duftrasen 48
Dufttherapie 13

Eberesche 67, 100
Eberraute 48, 51, 67, 100, 104
Eibisch 67, 100
Einjährige Kräuter 7f, 42, 98
Eiskraut 60, 98
Engelwurz 60, 98
Enzian, Gelber 68, 100
Enzyme 13
Ernten 80
Estragon 68, 100, 104
Etagenzwiebel 64

Familientee 90
Fassadenbegrünung 38
Feldholzinsel 37
Fenchel 68, 100, 104
Fensterkräutergärten 40
Fines herbes 84
Flachfolien 50
Frischkräuter 80
Frühjahrsmüdigkeit 81
Frühstücks-Kräuter 81

Gartengestaltung 16f
Gartenhöfe 19, 37
Gartenkresse 56, 98
Gattungsnamen 9
Gefäße 28
Gemüsewürze 104
Gerbstoffe 12
Geschichte der Kräuter 14
Geschützte Pflanzen 10
Gestaltung der Kräutergärten 16f
Glykoside 12
Goldmelisse 68, 100
Graugärten 21
Grüne Soße 81, 94

Hausapotheke 106
Haustee 90
Heiligenkraut 69, 100
Herzgespann 70, 100
Hochbeet 23f
Holunder 32, 35, 37, 70, 100, 106

Hormone 13
Huflattich 102
Hügelbeet 23

Indianernessel 68

Johanniskraut 71, 100, 106

Kamille 31, 56, 92, 102
Kapuzinerkresse 31, 57, 80, 98
Katzenminze 71, 100
Kerbel 57, 98, 104
Kirchgärten 33
Kleingewächshaus 50
Klostergärten 14
Knoblauch 31, 42, 63, 81, 98, 104
Kochsalzersatz 81
Kontaktdufter 13
Koriander 31, 57, 98, 104
Kräuterauszüge 52, 87
Kräuterbiotope 16, 21, 33, 35
Kräuterbotanik 7
Kräuterbrühen 52
Kräuterecken 16
Kräuter-Fladenbrot 96
Kräutergärten 17ff, 21f, 26ff, 33ff, 37, 44
Kräuterhecken 48
Kräuterhügelkultur 23
Kräuterjauchen 52
Kräuterkissen 88
Kräuterkonservierung 82, 84f
Kräuterkunde 7, 15
Kräuterlehrgärten 33f
Kräuterlehrpfade 37, 44f
Kräutermärkte 33
Kräutermischkultur 30
Kräuternamen 9
Kräuterpraktikum 94
Kräuterreservate 37
Kräuterrezepte 81, 86ff, 90, 95f, 104
Kräuterschulgärten 44
Kräuterseminare 94
Kräutersträuße 89
Kräuterturm 29
Kräuterwanderungen 46
Kräuterwiesen 35
Kresse 32, 104
Kreuzkümmel 60, 98
Kübelgärten 26, 28, 30
Kümmel 31, 60, 98, 104
Kulturarbeiten 49ff

Ländliche Kräutergärten 32
Lauch 64, 98
Lauchartige Kräuter 63, 98
Lavendel 32, 40, 46, 48, 51, 71, 100, 104
Lein 57, 98
Liebstöckel 71, 100, 104
Lindenblüten 106
Löffelkraut 61, 98
Löwenzahn 103
Lorbeer 53, 100
Luftzwiebeln 64, 98

Majoran 32, 58, 98, 104
Malve 71, 100, 103
Medizinischer Tee 90
Meerrettich 72, 100, 104
Minzearten 73, 100, 104, 106
Mischkulturen 30
Mobile Kräutergärten 26, 30
Mooswände 29
Mulchen 10
Myrte 49, 52, 100

Naturkräutergärten 37
Naturschutz 10

Organische Säuren 13
Origano 67, 100
Ornamentale Kräutergärten 21

Paprika 59, 98, 104
Pelargonien 100
Permakultur 35
Petersilie 32, 35, 62, 98, 104
Pfarrgärten 32
Pfefferminze 32
Pflanzbehälter 28
Pflanzendrogen 11
Pflanzerde 29
Phytonzide 13
Pillensaatgut 50
Pimpinelle 73, 100, 104
Portulak 32, 59, 98, 104

Regelmäßige Kräutergärten 18
Rhabarber, Medizinal- 74, 100
Ringelblumen 32, 59, 98
Rohkost 80f, 104
Rosmarin 53, 74, 100, 104, 106
Rote Listen 11
Rückschnitt 52f
Rundhügelbeet 24

Saatbänder 50
Saatteppiche 50
Salatwürze 104
Salbei 47, 75, 100f, 106
Sanddorn 75, 100
Santoline 49
Saponine 13
Sauerampfer 71, 100, 104
Schafgarbe 102, 107
Schalotten 64, 98
Schleimstoffe 12
Schnittlauch 64, 80, 98, 104
Schulgärten 33, 44
Schwarzer Tee 92
Selbstanzucht 51
Sellerie 104
Senf 32, 50, 59, 98
Silbergärten 21
Solar-Trockenschrank 83
Soßenwürze 104
Speisezwiebel 64, 98, 104
Spontandufter 13
Standorte 16
Stecklinge 51
Steinmehl 53
Stiefmütterchen 100, 103
Suppenwürze 104
Symbole 8, 94
Symmetrische Kräutergärten 18
Systematik 9

Tausendgüldenkraut 107
Teegetränke 90f, 95
Teezeremonie 93
Teezubereitung 93
Tee-Zusätze 93
Teilung der Pflanzen 51
Thymian 40, 49, 51, 75, 100, 104, 107
Topfkultur 42
Torfsackkultur 29
Tripmadam 76, 100, 104
Tropfbewässerung 30

Überwinterung 53
Umpflanzen 53
Unkräuter 78, 103
Unregelmäßige Kräutergärten 19

Vitamine 13
Vliese 50
Vogeltränke 17
Volksheilkunde 14
Vorgärten 40

Waldmeister 48, 76, 86, 100
Wegwarte 103
Weinraute 47f, 76, 100, 104
Weißdorn 76, 100
Wermut 32, 35, 76, 100, 104, 107
Wildkräuter 78f
Wintergärten 53
Winterheckzwiebeln 64, 98
Winterschutz 53
Wirkstoffe 12
Würzkräuter 80
Würzkräuter-Mischungen 84, 96

Ysop 46, 48f, 77, 100, 104

Zitronenmelisse 51, 78, 100, 104, 106
Zitronen-Strauch 51, 53, 100
Zitronen-Thymian 48, 76
Zwanglose Kräutergärten 19
Zweijährige Kräuter 7f, 42
Zwiebelartige Kräuter 8, 40, 63, 98
Zypressenkraut 48